低风险

小明哥讲套利 ◎ 著

Low-Risk
Arbitrage in
Practice

中国经济出版社
CHINA ECONOMIC PUBLISHING HOUSE

北京

图书在版编目（CIP）数据

低风险套利实战 / 小明哥讲套利著 . -- 北京：中国经济出版社，2025.1（2025.2重印）--ISBN 978-7-5136-7999-2

Ⅰ. F830.59

中国国家版本馆CIP数据核字第2024XK3913号

责任编辑	燕丽丽
责任印制	马小宾
封面设计	久品轩

出版发行	中国经济出版社
印 刷 者	北京艾普海德印刷有限公司
经 销 者	各地新华书店
开 本	880mm×1230mm 1/32
印 张	6.625
字 数	132千字
版 次	2025年1月第1版
印 次	2025年2月第2次
定 价	68.00元

广告经营许可证　京西工商广字第8179号

中国经济出版社 网址 www.economyph.com　社址 北京市东城区安定门外大街58号　邮编 100011
本版图书如存在印装质量问题，请与本社销售中心联系调换（联系电话：010-57512564）

版权所有　盗版必究（举报电话：010-57512600）
国家版权局反盗版举报中心（举报电话：12390）　　服务热线：010-57512564

自 序
开启低风险套利之旅

"小镇做题家"初探套利

套利是个相对狭小且专业的圈层,在这个小圈层里,套利者们通过深入研究市场规则、政策变动、价格差异等因素,寻找并利用市场中短暂存在的不合理定价或规则差异,以获取低风险甚至无风险的收益。这个圈子的人相对较少,很多朋友是因为LOF基金而认识我,但实际上,早在分级基金火爆市场的时期,我就已经专注于探索某些小众的套利机会。当时,我实践了少数投资者涉足的母基金与子基金联动套利策略,这一策略后来在可转债交易中得到了广泛的运用和发展。

慢慢地,开始有许多朋友关注我,他们常常阅读我的微信公众号(小明哥讲套利)文章,但对我的个人背景与性格却了解不多。在网络上,未曾谋面的网友们亲切地称我为"明神""套利大佬",而在现实生活中,我的挚友们则常常笑言,我不仅拥有聪明的大脑,还有一颗有趣的灵魂。

面对这些赞誉，我总是感到受之有愧。我不是基金界的知名大V，也不是套利领域的无敌"大神"，更非股海中的传奇"股神"，我只是亿万投资者中一名普通的参与者，与众多股友并肩作战，共同为资本市场的繁荣贡献自己的一份力量。我们怀揣着同样的愿景，期盼着市场的繁荣，梦想在中国股市的浪潮中乘风破浪。我们所追求的，不仅仅是财富的增长，更是自由与安宁的生活。

我出生于鲁西南这片热土，这里的人们以勤劳、善良、豪爽著称，但也难免受到地域文化的影响，思想意识带有些许僵化与封闭的烙印。然而，正是这样的环境，激发了我对外面广阔世界的无限憧憬。我深信"高考可以改变人生"，于是在求学的道路上，勤奋不辍，竞赛、考证，从未间断。我得过数学竞赛大奖，精算师资格考试两次通过九门，高考、考研这类重要考试，数学成绩不是满分就是接近满分。这些经历，不仅是我个人奋斗的见证，也是无数"小镇做题家"共同记忆的缩影。

然而，随着年岁的增长，我愈发意识到"小镇做题家"的视野局限性。我们或许擅长应试，面对各种考试几乎都能从容应对，但往往缺乏更广阔的视野和更宏大的格局。由于生长环境相对封闭，我们对外部世界的了解相对匮乏，资源也显得尤为有限。尽管如此，我们并不甘于平庸，而是勇于挑战自我，不断突破限制，追求更高的境界。

我也深知自己天资平平，见识有限，每走一步路都可能困难重

自　序

重，但我心中有光，总能照亮我前行的道路。正是这份自知之明，让我更加珍惜每一次学习的机会。我对低风险投资与套利领域倾注了极大的热情，因为在这里，我感受到了前所未有的自由、平等与公正，不再受限于眼界与阶层，只需凭借自己的知识与努力，便能在资本市场中寻得一席之地。

我的套利想法，其实是从学生时代就开始悄悄萌生了。那时候，我特别爱逛书店，看到喜欢的书就忍不住想买下来。但纸质书价格不便宜，会员折扣也就那么一点点。正巧，当时网上购物开始流行起来，我发现在当当网上买书，不仅便宜，还都是正版书。从那以后，我每次在书店看到好书，就会先去网上比比价，再下单购买。

有一年，有套特别热门的书籍出版，一共四卷，书店里很快就卖光了，但我在网上书店轻松就能买到。没想到，学校里好多老师也在找这套书，还愿意加价买。我就试着把自己买的书原价卖给了老师，一套书就赚了小一百块，那感觉还挺有意思的。这属于利用市场定价差异的套利，但后来我总感觉赚老师的钱心中不安，就再也没有倒卖过图书。

再后来我还利用期限差做过信用卡套利。当时学校里办信用卡的学生不多，我成了同学们眼中的"小银行"，每当有同学需要购买大件物品时，总会想到我，我就帮朋友刷卡攒点积分。朋友们还我钱的时候，我没急着还信用卡，因为我发现信用卡有五十多天的免息期。刚好银行有短期理财产品，我就用这些钱买了理财，理财到期后再还信用卡，这样就赚了五十多天的理财收益。

腥风血雨之后的平淡

这些经历,让我慢慢有了套利的想法。工作后不久我便遇到了2014年的大牛市,我和大多数投资者一样,主要交易股票,在这一年赚到了第一桶金,喜悦之情难以言表。也是在那个时候,我逐步形成了自己的投资思路,风格也越来越大胆,热衷于资产重组、潜伏ST股票、追逐热点,甚至将触角延伸到当时火热的邮币卡市场,资金滚得越来越大,盈利越来越高,欲望也越来越膨胀,对自己也愈加自信,深信自己也是一位股市奇才,但随后的"股灾"和邮币卡崩盘将这一切都化为泡影。

此刻,我终于意识到,自己只是一个普通的投资者,曾经的辉煌不过是市场赋予的泡沫。经历了这次惨痛的教训之后,我开始重新审视自己的投资理念与方式。"股灾"后,我接触到集思录,开启了投资的新大门。在经历了多年的市场洗礼后,我逐渐转向了低风险投资的道路。我放弃了盲目追求高收益的心态,转而追求稳健与可持续的回报。

我学会了在分级基金、LOF、ETF等多种金融工具中寻找机会,尝试了可转债、债券、打新等更加稳健的投资方式,即便是一些看似高风险的期权期货,也总能找到低风险的投资方法。我发现,投资的世界远比我想象的要广阔得多,而A股市场只是其中很小的一部分。而且A股可能是所有投资领域中最难的一个,我们为何非要舍易求难?适时转向,踏踏实实盈利,才是正途。依靠低风险投资理念,我很快从"股灾"的坑里爬出来。

一位睿智的老师曾教诲我们,很多人吃得了生活的苦,却吃不了

自　序

学习的苦。这一哲理，在投资领域同样得到了深刻的印证。许多投资者在A股市场倾注心血，潜心研究各种策略与战法，结果却常常深陷亏损的泥潭，难以自拔。而让他们转换思维，探索其他可能更为适宜的投资路径，却成了一项艰巨的任务。在错误的方向上一路狂奔，只会距离成功越来越远。

这些年我在投资上经历种种，可谓大起大落，平淡的人生也因此多了一丝涟漪，也算是一段独特的人生经历。很多人问我，是否觉得命运不公？但我并不这么想，人生之路本就多歧，道不同则不相为谋，即使道相同，也可能因各种机缘而渐行渐远。任何关系到最后都是相识一场，那些放不下的人和事，终将是生命中的过客。释怀过往，珍惜当下，终不至于遗憾。

我对钱财本身并不是特别看重，物质欲望很低，除了买书和吃饭之外，很少有其他花费。但是我对赚钱却很感兴趣，这份热爱驱使我在投资市场里不断探索与实践。但随着年龄的增长，我发现，有太多事远比金钱重要。内心的平和与喜悦，生活的轻松与自在，这些才是构成幸福生活的真正基石。

投资，对我而言，已不仅仅是一种获取财富的手段，更是一个实现自我价值、追求心灵成长的途径。就像我写作公众号文章一样，写作于我而言，是一种随性的表达，不为名利所累。虽然文笔平平，但字字真心。我将微薄的写作收入都捐赠给了腾讯公益，每次捐款都会收到一朵小红花，它象征着无论生活有多少苦难，我们都有战胜它的力量和决心。

一起寻找属于我们的风景

这本书聚焦低风险套利策略，在当前的图书市场中，针对这一领域且侧重实务的书籍相对较少。本书结合最新市场案例与实战经验，不仅深入剖析了低风险套利的基本原理，还详细阐述了如何在不同市场环境下灵活应用这些策略，以获取稳健的投资回报。尤为值得一提的是，书里面有不少案例，均是我在全国范围内首次或首批发现并实践运用，也希望能给大家一些启发。

在全书我尽量避免使用过于高深的数学语言与公式，力求让读者都能看懂并应用。我是学数量经济学的，数学对我来说不是难事，建模也是信手拈来。我可以把一些套利策略用复杂的数学公式或模型表示出来，这样会让自己的书显得高大上，但是我并不打算这么做。我认为，真正厉害的人在撰写书籍时，总是能将复杂的内容以简洁明了的方式表达出来，让读者阅读起来感觉轻松愉悦。回想起自学精算课程的经历，国内教材常因堆砌过多的数学符号而显得晦涩，相比之下，一些国外经典教材，即便是几十年前的作品，仍以其清晰的逻辑、简洁的表述，让人读来如沐春风，历久弥新。此外，本书所探讨的策略均适合普通投资者，那些过于复杂或需要时刻关注市场动态的策略，并不在本书的讨论范围之内，以后有机会可以和读者探讨交流。

我希望这本书能让大家读起来轻松，能够开阔大家的投资视野，带来不一样的阅读体验。我深知，一本书的力量或许有限，但若我的文字能轻轻触动某个读者的心弦，或是为他们的投资之路点亮一盏明灯，那将是我无上的荣幸与喜悦。

投资，说到底，就是一场与未知的较量，是一场心灵的修行。很多时候，我们都是在某个不经意的瞬间，顿悟投资的真谛。我坚信，只要我们保持一颗学习的心，勇于尝试，敢于创新，在投资这条路上，就总会有属于我们的风景。

引子
当年的"国库券之战"与现今的特别国债新机遇

杨百万投资国库券一战成名

时势造英雄。四十余载资本市场波澜壮阔的发展历程中,涌现了众多草莽英雄。杨百万,本名杨怀定,是中国证券发展史上一个标志性的个体股民,被誉为"中国第一股民"。他的故事充满了传奇色彩,凭借在国库券上的成功操作,他从一名普通的工人一跃成为名噪一时的百万富翁,书写了中国资本证券史上的一段不朽传奇。

1988年,国家开放了国库券交易,刚刚离职不久的杨百万经常到图书馆阅读报纸,他的目光很快被时政和财经新闻所吸引。特别是当央行宣布试点开放个人自由交易国库券时,他敏锐地察觉到了其中的商机。

杨百万经过学习和研究,有了惊奇的发现:在上海100元面值的国库券卖102~103元,而在合肥,相同的国库券只卖100元。同样的东西,居然有不同的价格!

于是，杨百万连夜坐车去合肥，把身上的两万元现金全部买了国库券，次日又马不停蹄地赶回上海，以102元的价格全部卖出。这一来一回，就赚了几千块钱。这可是在80年代，当时普通居民一年的工资可能也没有这么多。

杨百万利用各地的差价，不断穿梭于各个城市之间，买卖国库券。那个时代，交易国库券都是用现金，为了自身安全，杨百万专门请警察荷枪实弹来保护自己，引来媒体热议：上海出现第一例私人聘请公安人员当保安的事件。

一时间，杨百万名声大噪。从1988年4月到1989年，短短的一年多时间，杨百万赚了100多万元，这是他人生的第一桶金，也开启了他在资本市场的传奇之路。

2024年，特别国债热潮，套利机遇再现

步入2024年，超长期特别国债以其前所未有的热度引发市场关注。这一年，政府决定发行总额高达1万亿元的超长期特别国债，涵盖20年、30年乃至50年不等的期限。这一举措瞬间点燃了市场的投资热情。

5月17日，首批30年超长期特别国债震撼登场，仅数日之后，即5月20日，部分银行积极响应市场需求，首次向个人投资者敞开了特别国债的分销大门。令人意想不到的是，尽管这些国债期限较长，但民众认购热情空前高涨，当日配额迅速告罄，各大银行网点前更是排起了长龙，出现了"一债难求"的盛况。

而5月22日，当这批30年期特别国债正式登陆交易所后，其表现更是令人瞠目结舌，在上交所上市的30年期特别国债在上市首日便实现了超过20%的惊人涨幅。上交所的交易记录显示，该债券因价格异常波动，短时间内触发临时停牌机制，暂停交易30分钟，复牌后价格继续攀升，一度达到25%的涨幅，再次触发停牌，市场为之沸腾。

此番火爆行情的背后，是国债固有的安全性与稳定性对投资者的强大吸引力，加之当前市场环境下，投资者对稳健投资渠道的迫切需求，在利率持续下行的趋势中，超长期特别国债以其卓越的信用评级和相对稳定的收益回报，成了众多投资者的避风港和优选标的。

面对这一市场奇观，我不禁对国债产生了浓厚的兴趣，开始深入探究其背后的奥秘。超长期特别国债是什么？为何一个国债能涨25%？里面有无套利机会？

中国的债券市场是一个错综复杂的领域，其监管体制、发行与交易机制均呈现出高度的多元化和复杂性。从主管机构到交易场所，再到投资者群体，每一个环节相互交错又有所不同。想要搞清楚这些，确实要花费点力气。

在探索过程中，我惊喜地发现，与30多年前杨百万的传奇经历异曲同工，即便是同一国债产品，在不同交易场所也存在着显著的价格差异。就以这次30年期的特别国债为例，它可以在上海、深圳交易所场内竞价交易，也可以在交易所的固收平台交易，还可以在银行间市场交易，当然也可以在银行柜面交易，而国债在不同的场所交易，价格居然是不同的！就像30多年前的国库券一样，在上海卖102元，合肥却只要100元就能买到。

通过每日复盘观察,我发现某一时间段内,100元面值的国债,交易所的价格通常会比银行柜面的价格贵两毛钱。即便是在交易所内,上交所和深交所的价格也不总是一致,经常会有一毛钱的价差。别小看这两毛、一毛钱的差价,这正是套利收益的来源。我像30多年前的杨前辈一样,开始了辛苦的"搬砖"之旅:在银行柜面买入特别国债,然后转到交易所,以高出两到三毛的价格卖出去。在短短的两个月时间里,不考虑国债本身价格的波动,100万元的本金除了本身的票息收入和价差收入之外,额外还多赚了5万元。综合计算后,年化收益率更是高达30%以上!要知道,这只是票面利率只有2.5%的国债啊,这简直是令人难以想象的收益。

然而,套利之路并非坦途。为了掌握复杂的交易机制,我耗费大量时间研读相关文件与规章制度,跨越了长达20多年的政策变迁。其间,我发现一些规章制度较为陈旧,迟迟未能得到更新和完善,而某些交易机制至今仍沿用着老办法。为了全面理解国债,我费尽心思,不仅查阅了所有涉及国债相关信息的主管单位网站的专题板块,还广泛搜集并认真学习了行业研究报告、媒体报道等资料。经过一番努力,我总算在理论上对国债有了全面而整体的认知。

同时,我也向一些业内朋友请教交易知识。在这个过程中,我深刻认识到理论和实战之间的巨大鸿沟。许多人在理论上或许很出色,但一旦涉及实际交易,就往往显得力不从心,仿佛成了门外汉。我阅读了大量的书籍和公众号文章,发现其中的理论确实精辟,距离实践

引 子

只有一步之遥，然而，这关键的一步却难以跨越。毕竟，交易最终是要落到实处的，投资的成功与否，并不取决于你的理论有多么出色、多么强大，而是要看你是否真的能够赚到钱。因此，我们应该时刻保持学习的态度，向那些最贴近一线市场的交易员们学习。

在搞懂了如何交易后，我便开始付诸实践。这是最难的一环。在炎炎夏日的中午，我穿梭于券商和银行柜面之间。由于我是全国第一个做该交易的个人投资者，券商和银行的柜员都很发蒙，他们没有碰到过先例，也不知道怎么操作。我只能把我学到的知识教给他们，拿着他们的业务手册指导他们，告诉他们应该选择什么系统、怎么填写内容、出现问题后如何解决。有家银行还根据我的建议完善了它的交易系统。这家银行的柜员小姐姐一脸崇拜地说："你真是一位大神啊！"我微微一笑答道："神不神的不重要，交易能成功就好。"后来经过一周左右的摸索，我终于可以顺畅地走通所有的交易流程了。

虽然跨越了30多年的时间，但套利的逻辑并没有变。套利的核心就是利用市场上的价格差异进行交易以获取利润。大道至简，但难的不是所谓的"道"，真正的挑战在于如何敏锐地捕捉这些"道"并付诸实践。这也是我撰写本书的初衷——希望通过分享自己的经验与心得，为更多投资者揭示套利之路的奥秘与智慧。

值得一提的是，从2023年开始，一直到2024年9月上中旬，债券市场经历了一段长时间的牛市。在A股熊市中，做债券投资的，凡是上了期指杠杆，都取得了不菲的收益，收益翻倍的比比皆是，与股市形成鲜明对比。即便没有上杠杆，如果懂得一些套利知识，也能取得非常不错的收益，完全不输于股市。但到了9月底，因为股市突然大涨，债市资金流出，债市就跟着大幅调整。这种市场变动数十年难遇，股市里到处都是赚钱的机会，很多人就开始藐视债市投资者了。但我想说的是，虽然债市大跌，可在这错乱的市场里，还是出现了不少价格不合理的现象，就像以前"股灾"时分级A和分级B之间的套利机会一样。所以，即使债市不好，我们也有可能找到赚钱的方法，但前提是得了解套利的基本知识。只有这样，当机会来临时，我们才不会手忙脚乱，能够稳稳地抓住。

目 录
CONTENTS

第一章　低风险、高收益：投资新视角
第一节　投资不只是股票 ... 3
第二节　低风险也能追求高收益 ... 4
第三节　学习和认知至关重要 ... 6
第四节　将学习转化为行动 ... 8

第二章　现金管理新策略
第一节　存款多样化：解锁隐藏收益 ... 14
第二节　券商系现金管理：专业引领财富增值 ... 15
第三节　类现金品种：稳健投资新选择 ... 23

第三章　国债深度探索：年化 30%+ 的奥秘
第一节　从特别国债说起 ... 29
第二节　债券的基本概念 ... 31
第三节　债券交易必知概念 ... 40
第四节　柜台债券市场：套利新蓝海 ... 46
第五节　套利的逻辑 ... 50
第六节　实战案例详解 ... 52

低风险 套利实战

第四章　LOF 基金套利：昔日辉煌与实战精髓
第一节　基金产品概览 ... 68
第二节　LOF 套利核心概念 ... 71
第三节　必备的套利技能 ... 76
第四节　何为一拖七 ... 79
第五节　案例解析之一：招商双债 LOF ... 80
第六节　案例解析之二：标普信息科技 LOF ... 86
第七节　案例解析之三：美元债 LOF ... 87
第八节　案例解析之四：长持的基金 ... 88
第九节　案例解析之五：2024 年 9 月的极端套利行情 ... 89

第五章　ETF 套利：散户也能玩转
第一节　什么是 ETF？ ... 95
第二节　参与 ETF 套利的必备技能 ... 100
第三节　适合散户的套利策略 ... 105
第四节　大放异彩的跨境 ETF ... 110
第五节　债券 ETF 也有捡漏的套利机会 ... 120

第六章　可转债套利：投资老手的智慧之选
第一节　进可攻退可守的可转债 ... 133
第二节　可转债的投资策略 ... 140

第七章　小众套利策略：另辟蹊径的财富之路
第一节　银行活动套利：薅羊毛的艺术 ... 149
第二节　买股送礼：意外之喜 ... 151
第三节　潜伏"未上市"股：前瞻布局 ... 153

第四节　花样繁多的打新：捕捉"新股"红利 ... 159
第五节　潜伏封闭式基金：挖掘价值洼地 ... 167
第六节　要约收购：稳健投资机会 ... 170

第八章　我的投资心路历程：从挫败到蜕变

第一节　童年记忆：无忧的岁月 ... 175
第二节　人生逆旅：逆境中的成长 ... 176
第三节　初识投资：梦想扬帆起航 ... 178
第四节　繁花已落：终究是空欢喜一场 ... 180
第五节　重整旗鼓：进入低风险投资领域 ... 183
第六节　风云突变：投资之路再起波澜 ... 185
第七节　重新出发：蜕变与再起航 ... 186

后　记　189

第一章

低风险、高收益：投资新视角

第一章 低风险、高收益：投资新视角

第一节 投资不只是股票

投资，就是炒股吗？当然不是，投资的内涵非常丰富，远远超出股票市场范畴，还包括理财、债券、基金、黄金、外汇、房地产乃至数字资产等多个领域，每一领域都蕴藏着独特的机遇与挑战。在A股市场这片波澜壮阔的金融海域中，无数股民怀揣着梦想与希望扬帆起航，经历了市场无情的洗礼，但"七亏二平一赚"的定律始终无法被打破。

通过炒A股赚钱实在是太难了，其实投资者不妨将视野放得更宽一些，从更广阔的角度去审视投资市场。除了直接参与股票买卖之外，是不是还有更好的选择，能帮我们实现人生的小目标呢？

对于那些偏好稳健投资的人士来说，大额存单、银行理财产品、国债以及信誉良好的地方债券是理想的选择。这些投资工具虽然收益率有限，但风险较低，能够提供稳定的回报。如果你愿意承担稍高的风险，债券基金和投资于指数的ETF或许是不错的选择。对于那些看好国际市场的投资者，QDII和跨境ETF也是值得考虑的投资工具。如果你渴望更高的收益，不满足于低风险投资的微薄回报，期权和期货市场或许能满足你的需求。但其风险往往是普通人无法承受的，需要谨慎对待。

那么，有没有既不太冒险，又能赚得相对多一些的方法呢？答案是肯定的，但这需要你学习和了解不同的投资工具，掌握一些技巧。本书将引导你进入一个更广阔的投资世界，帮助你发现更多赚钱的机会，实现财富的稳健增长。

第二节　低风险也能追求高收益

在投资领域，风险与收益往往如影随形，高收益的背后往往隐藏着高风险。但是，通过精心策划和运用特定的策略，投资者完全有可能在控制风险的前提下，追求更高的收益。

这些策略，我们通常称之为"套利"，它们就像是我们投资路上的秘密武器，通过一些低风险的操作，让我们的投资收益更上一层楼。就拿2020年来说，那一年公募基金迎来了大丰收。A股市场在年初经历了疫情的冲击后，迅速调整并走出低谷，下半年更是迎来了一次结构性牛市。这样的市场环境，为基金市场带来了前所未有的投资机会。当时，百亿级基金如雨后春笋般涌现，多达40只基金成功募集，其中不乏热销的爆款产品。明星基金经理们也因此名声大噪，许多基金产品的年度净值涨幅轻松超过50%。我记得那年过年走亲戚，大家聊得最多的不再是买了哪个网红楼盘，而是哪位基金经理的基金表现最亮眼。

在这样的背景下，一些场内基金因市场追捧而出现了溢价现象，为低风险投资者提供了套利空间。通过以当日净值申购基金，并在份额确认后迅速以市价卖出，投资者可以轻松捕获这部分溢价收益。以

第一章　低风险、高收益：投资新视角

兴全合宜、富国天惠等热门基金为例，不少长期持有的投资者，在配合套利策略后，额外增厚了几个百分点的收益。当然，市场风云变幻，2021年后基金抱团现象瓦解，持仓股大幅下挫，随之净值大跌，也给投资者带来了不小的损失，这就是另外的故事了。这也再次提醒我们，无论进行何种投资，都需要把风险防控放在第一位。

再比如，当年还有一只非常火的债券基金——招商双债（161716），我是较早发现该债券基金套利机会的人。这只基金因良好的业绩，一直处于溢价状态，为了保护基金份额持有人的利益，基金采取了限购的措施。这只债基平常年化收益率在5%左右，但我通过相应的套利操作，将年化收益率扩大到了20%以上。后面的章节会对这个操作做详细的解读。

除了招商双债外，当年还有几只债基的净值曲线也表现得非常出色，时常会出现溢价现象，特别适合套利投资者进行操作。记得当时有一只债基申购费率为零，净值增长非常稳定，其流动性主要由我们这些套利投资者提供。然而遗憾的是，基金经理并没有好好运作这只债基。时至今日，市面上流动性最好又可进行套利的债基仅剩下招商双债一只了，颇为遗憾。

又比如，ETF和LOF基金做市商制度刚刚建立的时候，各项规则尚处于探索与完善阶段，这一时期，市场中的敏锐投资者能够巧妙捕捉并解析做市商的挂单策略，采取逆向思维，灵活操作。每日虽仅获取微薄的价差利润，但持之以恒，亦能汇聚成可观的收益。

再比如，2024年9月底的股市异动暴涨，仅仅5个交易日，上证指数就从2700点以下涨到了3300点以上，大批量的LOF基金甚至ETF涨停，这种现象，是A股历史上从未有过的，套利机会之多、之大，前所未有。很多做套利的朋友都能感受到，标的太多，根本看不过来，只能"摊大饼"。市场太疯狂，主板股票有10%的涨跌幅，很多人不满意觉得太低了，就去20%涨跌幅的创业板、科创板甚至30%涨跌幅的北交所觅食。还有些投资者觉得不过瘾，就去没有涨跌幅限制的新股碰运气。但是很多低风险投资者都有畏高情绪，不敢追高，这个时候其实不妨看看套利，不至于错失大行情的机会，即便市场反转，套利也有溢价作为保护垫。再或者，如果做了对冲操作，那收益更是可以稳稳地拿在手上。

其实，低风险套利策略还有很多。只要我们肯学习、肯研究，就一定能够在投资的道路上发现更多的机会。记住，低风险并不等于低收益，只要我们方法得当、策略合理，就一定能够实现风险与收益的平衡。

第三节　学习和认知至关重要

在投资的征途上，我时常遇到一些朋友，他们坚守自己的信念，对自己的投资判断充满信心，仿佛每一个决策都是通往成功的金钥匙。这份自信固然难能可贵，然而，当自信过度膨胀至固执的地步时，就可能让他们闭目塞听，忽略外界的声音，尤其是那些能够带来全新视角和宝贵机遇的不同意见。

比如，我之前跟一个朋友讲，某只债券LOF基金，在短期可以取得20%的收益率，朋友的第一反应就是——这是诈骗！在他的印象里，债券和银行理财一样，每年的收益率不可能超过6%。这个朋友很少做投资，有这种想法还可以理解。

我还有个长期做A股投资的朋友，固执己见，抗拒学习。有段时间，我得知他重仓持有某只股票，而恰巧这只股票即将发行可转债，当时正是可转债最火的时候，于是我力劝他考虑配债。我详尽地向他解释了可转债的相关知识，但朋友却心存疑虑，认为世上没有只涨不跌的好事，万一配债亏损了该如何是好。我甚至以自己的人格担保，这是一次赚钱的机会。然而，配债需要追加资金，而朋友的仓位已经相当重，他不愿再增加投入。他还表示，如果真的要投资，直接购买股票岂不更为简单？对于配债的操作，他也感到一头雾水，完全无法理解。在我一番苦口婆心的劝说之下，朋友最终基于对我的信任，勉强答应配了一些可转债。结果，可转债上市后，他狠狠地赚了一大笔，我记得是六万多块钱。为了感谢我，他请我吃了一顿大餐，地点是南京市高端的火锅店——官也洋房。

通过这些年对一些投资者的观察，我发现认知能力至关重要。很多投资者喜欢舒适的圈层，他们大多在某个领域投入了大量的时间、金钱和情感，习惯待在自己的舒适区内，让他们改变，无疑是非常困难的。然而，真正的投资高手，应当拥有开放的心态和谦逊的态度。他们明白，投资是一场永无止境的学习之旅，自己的知识和经验永远有限。因此，他们愿意倾听不同的声音，吸收各种投资理念和策略，去伪存真，不断完善自己的知识体系。只有这样，他们才能在复杂多变的市场环境中游刃有余，抓住每一个稍纵即逝的投资机会。

所以，让我们在投资的路上保持一颗学习的心，勇于接受新的挑战和机遇。只有这样，我们才能不断成长，成为更加成熟和理性的投资者。

第四节　将学习转化为行动

在投资与学习的征途中，理论知识与深入研究的价值，最终需通过实际行动来验证与实现，此乃通往成功的必经之路。

行动力是至关重要的，就像我发现国债套利机会时，如果不尽快落实行动，可能就会错过。我看到不少大V也讲到了国债，甚至抖音等自媒体不少人也在蹭热点，但很少有人深入研究，可能大家都比较怕麻烦吧。开设柜台债的银行很多，理论上有30多家银行机构有资格开办柜台债业务，但并不是每家机构都有我们想买的债券，而且每家银行的系统设置也大相径庭。即使找到了适合的机构，我们还得看它们的报价怎么样。有的银行报价上下限幅度特别大，明显要薅投资者羊毛，这样的机构我们是要避开的。所有这些信息都需要自己一一去核实，没有极强的行动力是做不成的。

投资者在套利过程中常常会遇到各种棘手的问题，需要迅速解决。出于不同的目的，许多套利者都会开设多个证券账户。记得有一次，我在一家新开的券商那里交易QDII，结果却发现它们不支持T+0

交易，这让我费了不少劲才最终解决问题。还有一次，我尝试进行LOF"封转开"套利，事先判断这次操作能够盈利，但结果却出现了亏损。经过我仔细测算，发现原来是该基金公司的净值计算出现了错误。在我的几次"友好"交涉下，基金公司最终更正并披露了新的净值，同时也对投资者进行了相应的补偿。另外，有一年春节前后，我在进行ETF套利时，发现某家行业排名前三的基金公司的官网披露的申购赎回清单存在重大缺陷。我将这个问题反馈给了基金公司，后来听说它们动员了四五个部门的几十名员工，花费了一周的时间才最终解决这个问题。包括这次国债套利，我也向中央国债登记结算有限责任公司（简称中央结算公司）的老师反馈了一些问题，希望以后能够顺利解决。

这种强大的行动力是我从学生时代起就逐渐培养起来的。回想起大学时光，我参加数学建模竞赛的经历让我记忆犹新。那时，我们仅有三天的时间完成题目，在这短短的三天内，需要翻阅大量资料并掌握复杂的数学知识。作为经济系的学生，有些数学知识我也并不熟悉，这无疑增加了挑战的难度。然而，我并没有退缩，而是拼命地吸收知识，哪里不懂就找资料学习。那时候网络还不发达，我从图书馆抱来一摞摞的书，一页页翻阅，寻找自己需要的知识，直到完全掌握为止。那三天里，我几乎不眠不休，最终，我成功掌握了所需知识，并在竞赛中取得了优异成绩。这次经历让我更加坚信，强大的行动力是成功的关键，只要我们愿意付出努力，就一定能够实现自己的目标。

低风险 套利实战

　　幸运的是，我们身处这个电子化、信息化的时代，拥有了前所未有的便利工具。轻点鼠标、打个电话、发个微信，就能解决很多问题。然而，即便如此，仍有许多人因惰性而止步不前，错失了将学习成果转化为实际收益的机会。他们或许认为某些事情过于烦琐，不愿投入时间；或许对稳定但微小的收益嗤之以鼻，宁愿投身于股市的波峰浪谷，即便面临高达30%的亏损风险，也难以接受年化10%以上的稳健套利机会；他们对除了股票之外的任何产品，都感到很茫然。令人深思的是，社会上偶尔可见年青一代嘲笑老年人使用智能设备的笨拙，指责他们不愿学习、过于懒惰。然而，反观这些年轻投资者自身，他们中的许多人同样局限于股市这一单一领域，对于更广泛的投资理财产品知之甚少。这种"一叶障目"的局限，不也是一种形式的懒惰吗？

　　这不禁让人深思：在如此便捷的时代，我们是否更应该珍惜时间，积极行动，将所学知识转化为实际价值呢？因此，我们应当铭记：知行合一，方能致远。只有将所学知识与实践紧密结合，不断在行动中检验与优化策略，才能在投资的道路上越走越远，收获属于自己的成功与财富。

第二章
现金管理新策略

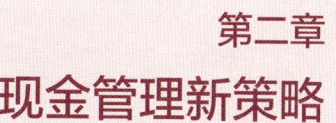

第二章 现金管理新策略

何谓现金管理？简而言之，它是对我们手头持有的现金进行合理配置与高效运用的过程，在不牺牲流动性和确保无风险或低风险的前提下，实现收益的最大化。如果仅仅将现金简单地存放在账户中，不做任何操作，那就等同于活期存款。虽然银行会支付一定的利息，但利率往往很低，在0.3%左右，收益甚微，而且未来还有继续下降的趋势。

许多低风险投资者或套利者，手中握有大量资金，时刻寻找着市场的投资机会。然而，投资机会并非每日都有，若将资金全部以活期存款形式存放，无疑是一种浪费。而如果选择购买收益率稍高的银行理财产品，又会担心在市场出现投资机会时，资金因受限制而无法及时取出，错失良机。在这种情况下，现金管理的重要性就凸显出来了。我们希望通过实施有效的现金管理策略，在确保资金安全性和流动性的前提下，尽可能地提高收益率，实现资金的增值。

提到现金管理产品，大家最熟悉、接触最多的可能就是余额宝了。但实际上，除了余额宝之外，市场上还有许多类似的现金管理产品。它们各具特色，同样能够提供安全、便捷且相对高收益的现金管理方案，值得大家深入了解和关注。

在这里额外多说一句，余额宝是在2013年6月上线的。虽然余额宝很有名气，但这类随存随取的产品并非余额宝首创。早在余额宝出现一年之前，我就发现了和余额宝一样的现金管理类产品——汇添富基金旗下的现金宝。余额宝有很多功能都借鉴了现金宝。等余额宝爆火出圈之后，我还专门写了一篇有关互联网金融的文章，发表在《中国金融》上，当时预测余额宝的收益率会下降，事后果然成真。

第一节　存款多样化：解锁隐藏收益

即便是在存款这一看似简单的领域，除了常见的活期存款和定期存款之外，也存在着多种值得我们了解的存款种类。以通知存款为例，这是一种存款人在存入款项时不约定存期，但在支取时需提前通知银行，并明确支取存款日期和金额的存款方式。它进一步分为一天通知存款和七天通知存款。一天通知存款与以往的银行T+0理财产品相似，具有当天买入即开始计息，第二天即可支取存款且实时到账的特点。而七天通知存款则要求存款必须存满七天方能支取。

不同的银行对于一天通知存款的利率设定有所不同，国有四大行的利率在0.6%左右，而一些城市商业银行则能提供接近1%的利率。七天通知存款的利率则普遍在1.5%左右。然而，由于其存期较长，可能对资金的流动性产生一定影响。因此，这类存款通常在跨越长假日（如十一、春节等）时才会被选择。

大额存单也是存款的一种形式，其起存金额较高，通常以20万元为起点，但相应其利率也相对较高，在2%～3%。大额存单的存期灵活多样，从1个月到3年不等。值得一提的是，有些银行允许提前转让支取大额存单，从而在一定程度上满足了流动性的需求，但这也可能意味着会损失部分利息。

第二节　券商系现金管理：专业引领财富增值

券商系现金管理产品是指由证券公司提供的，旨在帮助投资者高效、安全地管理现金资产的一类金融产品。这些产品通常具有低风险、高流动性和相对较高的收益等特点，适合风险偏好较低的投资者以及追求流动性和收益性的企业和机构。经常炒股的朋友，如果资金在账户不取出的话，可以考虑券商的现金管理产品。本节主要介绍以下三类常见产品。

国债逆回购

每家券商交易软件都有国债逆回购这个产品。投资者通过国债回购市场，将自己的资金借出，并获得固定的利息收益；而借款人（资金需求方）则以其持有的国债作为抵押物来获取这笔借款，并在约定的期限内还本付息。

对于炒股的朋友来说，逆回购应当是一个耳熟能详的概念。以下是对其几个要点的简要梳理：

（1）沪深交易所提供的逆回购交易品种均涵盖了9个不同的期限，分别是1天、2天、3天、4天、7天、14天、28天、91天和182天，为投资者提供了多样化的选择。

（2）逆回购的交易方式是通过"卖出"来完成的，这与股票交易中的"买入"操作相反，投资者需要特别注意。

（3）逆回购的交易时间不仅涵盖了股票的正常交易时间，还在此基础上延长了半个小时，即15:00—15:30这段时间内，投资者依然可以进行逆回购的交易。

（4）在不考虑节假日的情况下，如果投资者在周四卖出一天期的逆回购，那么在周五即可使用资金但不可提取，而下周一则可以提取资金，并且投资者可以享受三天的逆回购利息。

（5）相比之下，投资者在周五卖出逆回购可能并不划算，因为虽然在下周一才可用资金，但投资者只能获得一天的利息，资金占用时间较长。

（6）值得注意的是，季末时逆回购的收益往往会相对较高，这是投资者可以把握的一个时间窗口。

由此可见，国债逆回购作为券商现金管理的一种重要方式，为投资者提供了灵活多样的资金运用选择。通过合理利用逆回购的不同期限和交易规则，投资者可以在确保资金流动性的同时，实现资金收益的最大化。

交易型货币基金

交易型货币基金是一种灵活的货币市场基金，它不仅支持在场内进行申购与赎回操作，还允许在二级市场上进行买卖交易。与我们日常在支付宝平台上购买的余额宝，以及在商业银行购买的各种"宝"类理财产品一样，交易型货币基金的实质同样是货币基金，主要投资于期限短、风险低的货币市场工具，因此风险相对较低，而收益则相对稳定。然而，由于其可在交易所进行交易的特性，其价格会受到市场供求关系的影响，从而可能产生一定的波动性。与一般的货币基金相比，交易型货币基金的独特之处也在于其可以在交易所内像股票一样直接买卖，操作流程极为简便。此外，交易型货币基金的申购门槛也相对较低，普通股票ETF最低申购门槛通常都是百万元起步，而交易型货币基金的最小申购赎回金额一般仅为100元，这使得更多投资者能够轻松参与。

当我们的资金主要配置在股市，而股市暂时缺乏投资机会时，选择买入交易型货币基金可以赚取稳定收益。一旦股市出现投资机会，投资者又能迅速卖出货币基金，转投股市。值得一提的是，货币基金在交易所内实行T+0回转交易制度，这意味着投资者可以在一天之内完成多次买卖操作，极具灵活性。同时，与活期存款利率相比，货币基金的收益率通常更为可观。

根据上市地点的不同，交易型货币基金可以进一步划分为在上海证券交易所上市和在深圳证券交易所上市两类。这两类基金的交易机制并非完全一致，各有其独特之处，下面将分别进行阐述。

1. 交易型货币基金（上海）

这类基金以"511"作为基金编码的开头，在上海证券交易所上市。它们不仅支持在场内进行交易，还允许投资者进行申购与赎回操作。在场内买卖时，实行T+0交易制度，即买卖交易在当天即可完成；而申购赎回则通常为T+2日到账，即申购或赎回申请在提交后的

T+1日确认，并在T+2日到账。

市场上经常操作的场内交易型货币基金包括华宝添益（511990）、银华日利（511880）和建信添益（511660）。当这些货币基金在场内的价格处于折价状态时，投资者可以以市场价格买入这些基金，并同时以净值赎回，从而获取相应的折价收益。

关于买入卖出与申购赎回的关系，我们将在LOF章节中详细介绍。简而言之，买卖交易是以市场价格成交的，这与我们日常买卖股票的方式相同；而申购赎回则是以基金的净值成交。基金的净值每天是确定的，但市场价格可能会高于或低于净值。

计息规则方面稍显复杂：如果投资者选择买入上交所的交易型货币基金，那么计息"算头不算尾"，即当天买入就开始计息，这与深圳证券交易所的货币基金计息规则不同；但如果当天卖出了基金，则当天没有利息收益。对于申购操作，"算尾不算头"，即如果当天申购该基金，则没有收益，一般申购次日确认份额并开始计息；而当天赎回的份额在当天仍然享有利息收益。

在场内交易货币基金时，申购和赎回通常都是零费率的，买卖交易也大都为零费率。新开的券商账户一般也设置为零费率，但有些开户时间较久的券商，由于当时的系统老旧，货币基金交易可能设置为收费。因此，在进行交易前，建议投资者向自己的客户经理确认费率。

一般而言，进行套利操作时，只要市场上存在折价机会，投资者便可采取买入—赎回套利策略。至于何时存在套利机会以及如何准确判断，投资者可参考集思录网站上的相关数据（路径：集思录—实时数据—交易所T+0交易货基），该网站提供了基于现价买入赎回计算的年化收益率作为参考。通常，在资金面相对紧张的时段（例如季度末或月末），货币基金往往会遭遇大量卖出，场内交易普遍呈现折价状态。此时，投资者可以在场内以相对较低的市价买入货币基金，随后申请赎回，从而实现套利收益。

以2024年3月的某一天为例，银华日利（511880）在场内的交易价格为100.501元。通过集思录平台，我们可以查看到银华日利的估算净值以及基于该净值计算得出的买入赎回年化收益率。当时正值3月，市场流动性较为紧张。集思录的数据显示，银华日利的买入赎回年化收益率在3%左右。在此情况下，投资者可以选择买入511880，并在券商的软件中选择"场内基金—场内赎回"，填入银华日利的交易代码，从而锁定相关收益。

此外，特别需要注意的是，有些券商在赎回货币基金时，资金可以在T+1日到账。如果选择这样的券商进行操作，由于资金提前一天到账，实际上投资者可以享受的年化收益率可能会达到6%以上。

不过大部分券商的货币基金申购赎回都是T+2日到账，只有少数券商完善了系统，使得赎回货币基金后资金能在T+1日到账。在这种情况下，资金会比往常早一天到账，资金的使用效率就更高，而集思录计算年化收益率时使用的是T+2日到账的交易日数据，因此实际相应的年化收益率会更高。

极少数情况下，货币基金会出现大幅度溢价现象，这通常发生在流动性较差的货币基金上。在这种情况下能否进行套利操作需要分析具体情况。我在公众号上介绍过相关情况和分析方法，有兴趣的读者可以去公众号查看相关内容。

我们以华泰天天金（511670）为例，具体走势见图2-1。2024年3月8日，华泰天天金实现了6.17%的涨幅，紧接着在3月11日，其涨幅又达到了2.29%。要知道，这可是一只货币基金，通常情况下，其一年的净值涨幅可能也就在2%左右。然而，华泰天天金在短短两天内就实现了8%的溢价，这无疑是一个引人注目的现象。

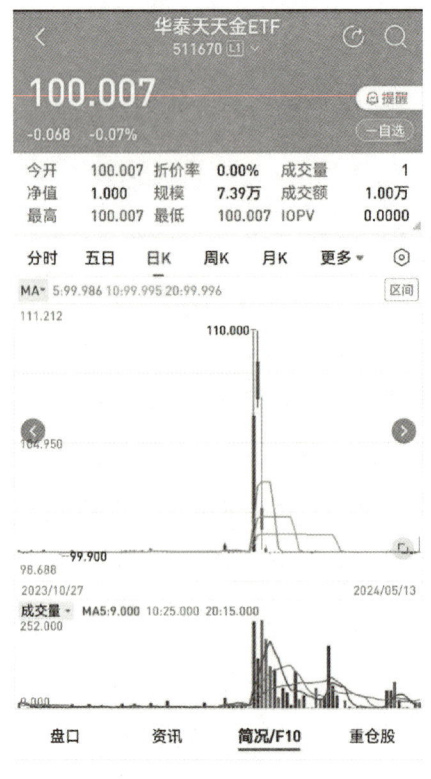

图 2-1　华泰天天金（511670）K 线图

面对这样的ETF溢价，许多投资者可能会犹豫不决，担心其中存在风险或陷阱，从而在犹豫中错失了套利的机会。而我在第一时间注意到了这一溢价现象。在第一天溢价达到6%时，我就认为对于货币基金而言，这样的溢价机会是难得的，根本无须犹豫，直接申购套利即可。即使后续溢价有所回落，也无关紧要，因为购买的是货币基金，本金安全是有保障的。这样的套利机会性价比极高，自然不容错过。

事实证明，我的判断是正确的。当套利资金到账后，虽然溢价确实有所回落，但我仍然取得了2%左右的绝对收益，这也是一个非常可观的套利结果。

2. 交易型货币基金（深圳）

这类基金的编码以"159"开头，其中较为知名的有易方达保证金（159001）和招商保证金快线（159003）。与上交所的货币基金相比，它们最大的不同之处在于不仅支持T+0买卖交易，还实现了T+0申购赎回。这意味着投资者在T日申购的基金份额会立即到账，并可以随即卖出或赎回；同样，T日赎回的基金，赎回资金也会立即到账。

关于计息规则，它们与上交所的货币基金有所不同。买入卖出和申购赎回的份额都是"算尾不算头"，即当天买入或申购的份额，需要等到下一个交易日才开始计算利息；而卖出或赎回的当天，持仓份额仍然会计算利息。

这类货币基金是场内交易效率最高的品种，但由于其高效的交易

低风险 套利实战

特性,几乎不存在套利空间。因此,这类货币基金的走势往往呈现出织布机般的稳定波动。

申赎型货币基金

这类基金的编码以"519"开头,与前面提到的交易型货币基金相比,它们的主要区别在于仅允许在场内进行申购和赎回操作,而不支持场内的买卖交易,因此不存在套利的机会。

尽管如此,这类货币基金的交易效率却非常高,它们实行T+0交易机制,资金几乎可以秒到账。对于申购操作,投资者在申购当天即可开始享受收益,这比传统货币基金要快1~2个工作日。同样,对于赎回操作,投资者赎回所得的资金可以立即用于股票交易,也比传统货币基金快1~2个工作日。

在申赎型货币基金中,流动性较好的产品有添富快线(519888)和华夏保证金A(519800),当然还有其他一些产品,投资者可以通过集思录等平台查询。另外,值得注意的是,如果在周五进行申购操作,投资者将能够享受周五、周六和周日连续三天的利息收益。很多投资者在周四会参与逆回购操作,周五资金可用不可取,如果周五没有好的市场机会,可以申购519888。不过,很多套利同行都这么想,以至于周五经常会出现申购额度紧缺的情况,因此建议大家周五早上尽早进行申购操作,也可以把申购金额拆成小单来操作,从而增加申购成功的概率。

第三节　类现金品种：稳健投资新选择

首先是券商系理财产品。这类产品主要分为两种情况：一种是不影响场内资金交易的，几乎每家券商都提供此类服务，其性质与余额宝相似，可以视作券商版的余额宝。每天收盘后，这类产品会自动打理账户资金，第二天开盘后，资金可以用，可以正常交易股票，但是资金不可取，如果要取现，需要提前赎回。这类产品的收益率和余额宝类似。另一种情况则更类似于场外理财产品，期限灵活多变。

此外，还有一些投资于利率债的ETF也表现出色，如短融ETF（511360）和政金债券ETF（511520），如图2-2和图2-3所示。这两款产品的投资标的主要是中证短融指数的成分债券和备选成分债券，具体而言，就是短期融资券或评级较高的利率债。因此，它们的总体风险较小，但收益却比货币基金ETF高。我自己的融券账户，有时候会融券卖出一些股票，卖出股票的资金，除了买入几个货基之外，我也会买入这些利率债ETF，收益率和流动性都还不错。

在操作这两类ETF时，建议投资者与券商确认买卖和申赎的佣金，并尽量争取调整到0，以避免产生较大的交易折损。从净值表现来看，这类ETF长期呈现上涨趋势，但在日内仍存在上下波动，特别是在资金面紧张的时点，波动可能会相对较大。因此，投资者需要警惕在高价买入时可能会出现账面亏损的情况。

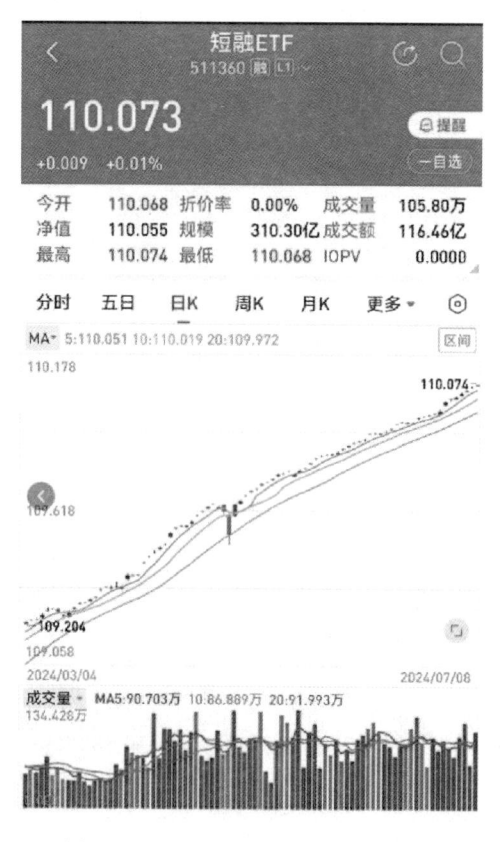

图 2-2 短融 ETF（511360）K 线图

在市场上，有些投资者将这些现金管理工具运用得炉火纯青。我认为，掌握一条大的原则即可：不要让资金空放。除此之外，不必让交易过于复杂化。当然，对于大资金来说，稍微提高一点点收益率，绝对收益额也会相当可观。但对于资金量较小的投资者来说，有时候即使提高1个百分点的收益率，绝对收益额也可能只是多了几块钱而已，反而可能把自己搞得很累，得不偿失。

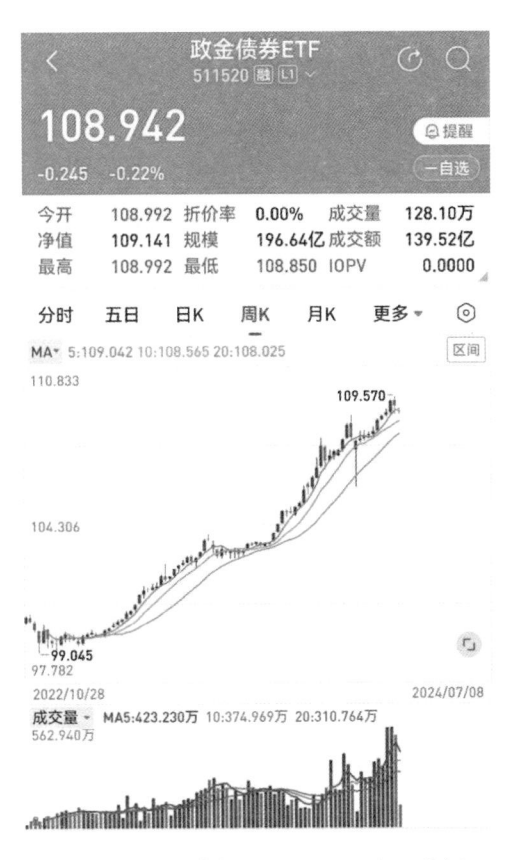

图 2-3　政金债券 ETF（511520）K 线图

第三章

国债深度探索：
年化 30%+ 的奥秘

第三章 国债深度探索：年化30%+的奥秘

第一节 从特别国债说起

在讲国债之前，我们先来看图3-1，这只证券的名称是"24特国01"，代码为019742。对于那些未曾接触过国债的朋友来说，初次见到这些信息可能会感到有些困惑：这是什么东西？看起来不像股票，涨跌幅和交易时间也与股票明显不同，代码也显得颇为陌生。

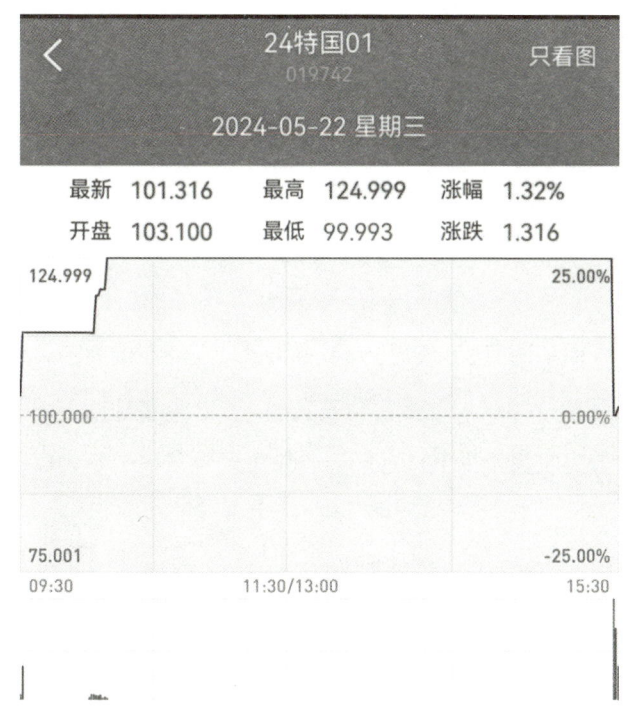

图3-1 24特国01分时走势

请大家不要因此而抗拒或疑惑。首先，我可以肯定地告诉大家，这是一只合法合规的证券产品，绝非任何形式的诈骗金融产品。实际上，这是2024年首次发行的30年期超长期特别国债，它分别在上海证券交易所和深圳证券交易所上市交易。而图3-1中的"24特国01"正是在上海证券交易所上市交易的品种。这张图展示的是该特别国债上市首日的分时走势。正是由于其当天的出色表现，这款特别国债在市场上引起了广泛的关注和热议。

观察分时图，我们可以发现，在开盘之初，019742的价格就迅速攀升至103.1元。要知道，这可是国债啊！开盘即涨3%，这一涨幅实在令人咂舌。有些国债一整年的涨幅能达到3%就已经非常了不起了。然而，涨势并未就此止步。场内资金开始疯狂抢购019742，不久之后便触发了第一次临时停牌。恢复交易后，019742的价格继续飙升，一度达到124.999元，再次触发停牌。我看了下时间，才10点15分不到。特别国债的异常暴涨引起了市场的广泛关注。如此高的价格已经提前透支了未来几十年的利息，蕴藏着极大的风险。在收盘前的最后几分钟，大批量套利资金涌入卖出，将019742的价格打压下来，最终收盘价为101.316元，总算回到了一个不太离谱的价格区间。

其实，这款30年期特别国债也在深交所上市了，代码是102267。它和019742是完全相同的投资标的，只是上市地点不同而已。在上市首日，019742首先出现异常波动。当这种异动效应引起广泛关注后，019742临时停牌。此时，市场资金发现在上交所无法购买特别国债，于是转而前往深交所抢购102267。截止到收盘时，102267大涨19.7%。套利资金未能及时将深交所的国债价格打压下来。

特别国债市场的异常波动引起了许多低风险投资者的关注。大家都希望能找到其中的套利机会，我也不例外。据我估算，在前期（7月之前），全国进行国债套利操作的人应该不超过十个，而且大多数都是浅尝辄止。在所有套利者中，我应该算是研究得最透彻的一位了。当然，等这本书出版之后，所有的套利方法都将公之于众，参与的投资者也会越来越多，希望大家能有所获。

第二节　债券的基本概念

中国的债券市场体系非常复杂，大学金融学教科书中虽有债券的相关介绍，但内容过于学术和简单，对于实务操作而言，其指导意义颇为有限。市面上亦不乏专业书籍深入剖析债券市场，然而这些著作往往语言枯燥，学术性过强，更适合机构交易员研读。对于我们散户投资者而言，即便掌握了其中的深奥知识，也难以在实际投资中找到用武之地。

要想透彻理解国债，就必须对整个债券市场有一个清晰的认识。本书注重实践应用，不会面面俱到地涵盖所有知识点，而是会精心梳理最为重要的内容，帮助读者快速抓住债券市场的核心要点。

债券种类概览

依据发行主体不同,债券可以细分为以下五大类。

(1)政府债券:包括国债和地方政府债券。

国债由中央政府发行,具备最高信用等级。按照不同的发售对象,国债可分为记账式国债和储蓄国债。储蓄国债直接面向个人销售,按照不同的债权记录方式,可分为以纸质凭证记录为特征的凭证式储蓄国债和以电子记录为特征的电子式储蓄国债。记账式国债在一级市场通过记账式国债承销团主要面向机构投资者发行,并在中央结算公司以电子记账方式记录债权。上市后,个人投资者也可在二级市场向机构投资者购买。储蓄国债没有套利机会,大家重点关注记账式国债。

国债的发行期有长有短。按照期限,可划分为短期国债、关键期限国债、超长期国债三类。其中,短期国债是指发行期限在1年以内的国债,包括1个月、2个月、3个月、6个月四个期限品种;关键期限国债是指发行期限为1~10年的国债,包括1年、2年、3年、5年、7年和10年六个期限品种,是国债收益率曲线的关键期限点;超长期国债是指发行期限在10年以上的国债,包括20年、30年、50年三个期限品种。目前发售的储蓄国债主要包括3年期和5年期两个期限品种;记账式国债涵盖了上述短期、关键期限、超长期等全部13个期限品种。

买了国债是不是必须持有到期?当然不是了!有人担心买了50年长期国债,等国债到期都是百岁老人了,其实大可不必有此忧虑。无论是记账式国债,还是储蓄国债,一般来说,持有一段时间后,如果急需用钱，是可以提前卖出的。对于储蓄国债，提前兑付要损失利息。持有国债不满半年的，提前兑取时不计付利息，只偿付本金；持有国债满半年及以上的，提前兑取时按照实际持有时间和有关发行公告中明确的计息方式计付利息并偿付本金。对于记账式国债，则可以在二级市场随时变现。

对于个人投资者而言，购买储蓄国债和记账式国债如持有到期，均可获得稳定的本息收入。两者区别主要为：储蓄国债在存续期内不可上市交易，而记账式国债在存续期内可在交易所交易，也可以在银行间市场交易，还可以在银行柜面交易。记账式国债的交易价格随市场行情波动，投资者买入后，可能因价格上涨获得交易收益，也可能因价格下跌面临亏损风险。因此，如果是不以持有到期而以交易获利为目的的记账式国债投资，个人投资者应具有一定投资经验和风险承担能力。

储蓄国债收益相对稳定，风险较低，可以锁定长期收益，对于一些极低风险投资者来说，储蓄国债还是有不小的吸引力的。个人投资者购买储蓄国债，需要按有关要求开立个人国债账户和资金账户，凭个人有效身份证件在发售期内前往储蓄国债承销团成员（商业银行）任一网点柜台购买，也可以通过网上银行或手机银行购买。

对套利党来说，大家重点要记住：记账式国债时不时会有套利机会。储蓄国债虽然也很受老百姓喜欢，经常一上线就被秒光，但是资深套利交易者一般不太喜欢这种低收益的产品。

再简单说一下地方政府债券，其发行主体为地方政府。自2019

年起,地方政府债券的发行渠道得到了拓宽,可以在商业银行柜台进行发行,此举深受老百姓的欢迎,有效满足了人民群众投资理财的需求。特别是部分东部大省发行的地方债券,因其利率相较于国债更具优势,在发行时往往非常抢手。2020年底,财政部发布了《关于进一步做好地方政府债券柜台发行工作的通知》,对通过全国银行间债券市场柜台发行地方债的工作进行了明确指导。文件指出,通过柜台发行的地方债应以中短期为主,地方财政部门需结合实际情况,优先选择具有本地区特色且项目收益较高的债券,期限方面则优先考虑安排5年期及以下(含5年期)的债券。有意投资某地地方债的投资者,建议前往当地的法人城市商业银行进行咨询,因为这类银行通常会承销地方债。

重点记住:记账式国债和地方政府债券发行结束后,均可在银行间债券市场柜台分销和交易。

(2)央票。发行主体是央行,目的是调节货币供应量。

(3)政府支持机构债券,包括铁道债券和中央汇金债券,投资者简单了解下就好。

(4)金融债券,包括政策性金融债券、商业银行债券、非银行金融债券。重点要记住,政策性金融债券的发行主体是国家开发银行、中国进出口银行与中国农业发展银行,二级市场上有专门投资政策性金融债的ETF,表现也不错。另外两项和普通散户没啥关系,知道概念即可。

(5)公司信用类债券,包括公司债券、企业债券、非金融企业债务融资工具、可转换公司债券、中小企业私募债券。有些专注于垃圾债的投资者对公司债、债务融资工具比较感兴趣，也取得了不错的收益，但是这部分内容与本书的主题不太相符，且较为复杂，一些高阶投资者可以进一步研究，本书就不展开了。

前三类债券加上第四类中的政策性金融债，这些债券的发行主体均具备国家信用或类似国家信用的资质，因此其信用风险极低，违约风险几乎可以忽略不计。尽管如此，这些债券的价格仍会受到市场利率变动的影响，我们习惯上将之称为利率债。相比之下，第五类债券加上第四类中的商业银行金融债，风险水平相对较高，因为其偿还能力主要依赖于发行主体的信用状况和还款能力。一旦发行主体经营状况出现问题或发生违约事件，债券持有人就可能会面临本金和利息损失的风险。因此，这类债券通常被称为信用债。

付息方式

我们记住两种主要付息模式就可以了：贴现债券和附息债券。贴现债券是指在票面上不规定利率，发行时按某一折扣率以低于票面金额的价格发行，到期时仍按面额偿还本金的债券。投资者购买贴现债券时，实际支付的价格低于债券的面值，这个差额可以看作是预先支付的利息。在债券到期时，发行人按债券的面值全额偿还，而不再另行支付利息。附息债券是指其利息按照固定的利率计算，并在固定的时间间隔内支付给债券持有人的债券。附息债券在发行时明确了债券的票面利率和付息频率及付息日。债券持有人根据票面利率和债券面值计算出每年的票息收益，并在固定的时间间隔内（如每年或每半年）收到利息，到期时收回本金。贴现债券通常期限较短，而附息债券的期限可能较长。投资者可重点关注附息债券。

监管分类

中国债券业务实行分市场、分券种监管。央行管理的有：央票、金融债、证券公司短期融资券、非金融企业债务融资工具、信贷资产支持证券、熊猫债券[①]等。财政部管理的有：国债、地方政府债券、熊猫债券。证监会管理的有：公司债、企业债、可转债、国债期货等。

中国债券市场长期以来存在多头监管、市场分割的局面。不同的债券品种由不同的部门监管，由此形成了最重要的两个市场——银行间市场与交易所市场。不同的监管模式产生了差异化的业务标准，而且容易产生监管套利现象。

债券的登记、托管与跨市场转托管

接下来我们将深入探讨本章最为复杂、最具挑战性的内容。

首先，我们来明确两个核心概念：债券登记与债券托管。债券登记，是指登记机构在法律或主管部门的授权下，接受债务人的委托，以簿记的方式记录债券信息，并确认债券权属的行为。而债券托管，则是指托管机构接受债券持有人的委托，对债券持有人的债券权益进

[①] 熊猫债券是指国际多边金融机构在华发行的人民币债券。

第三章　国债深度探索：年化 30%+ 的奥秘

行维护和管理。

为了更直观地理解这两个概念，我们可以举一个股票的例子。我们日常交易的股票，实际上是在交易所进行托管的。比如，代码以6开头的股票，在上交所托管；代码以0开头的股票，则在深交所托管。如果某只股票不幸退市，它会进入老三板，股票代码改为以4开头，此时，这只股票就在股转公司进行托管。

将这个概念拓展到债券上，我们会发现债券的托管场所更为广泛，主要包括三个：银行间债券市场、交易所和商业银行柜台。以我们常买的国债为例，它既可以在银行间市场托管，也可以在交易所托管，还可以在商业银行柜台托管。个人投资者是不能参与银行间市场的，换句话说，我们散户买的债券，托管场所要么是交易所，要么是商业银行柜台。

接下来，对这三个托管场所进行简要介绍。银行间市场是国内债券市场的主体，占据绝对龙头地位，90%的债券都在这个市场托管，但市场参与方主要是各类机构投资者，和我们散户关系不大。交易所市场则是由各类投资者参与的，和我们平时交易股票的方式一样，实行的是集中撮合交易。商业银行柜台市场可以看作是银行间市场的延伸，主要是为了方便老百姓投资，个人和机构也都可以在这个市场进行交易。

跨市场转托管，是指债券投资者将其持有的、可在不同市场交易流通的债券，在不同托管机构之间进行转移托管的行为。目前，国债、地方政府债券和企业债券均属于可跨市场托管的债券品种。谈及

37

转托管业务，不得不提一个重要的文件——《国债跨市场转托管业务管理办法》。尽管这份文件发布于2003年，距今已有20多年之久，但其影响却十分深远。对此感兴趣的朋友，不妨在网上搜寻该文件原文加以研读。相较于现今的文件文风，20多年前的文件显得尤为精练，字里行间几乎找不到一句废话，阅读起来十分流畅，令人一目了然。

由于我们买的国债可能分散在银行间市场、交易所和商业银行柜台等不同的托管场所，而这些场所的国债价格可能存在差异，因此，我们可以在价格较低的场所购买国债，然后将其托管到价格较高的场所卖出，从而实现套利。目前政府债券和部分企业债券支持跨系统转托管。

申请办理政府债券、企业债券跨市场转托管，必须满足以下条件：一是投资者须具备所转入市场交易该类债券的资格；二是投资者在申请转托管前，须在转入市场的托管机构开立债券或证券账户，并确保转出与转入市场的登记托管结算机构中的债券或证券账户对应同一投资者；三是申请办理跨市场转托管的债券，须已在拟转入市场上市交易。简而言之，转托管必须满足资格要求，提前开立账户并且转入市场支持该债券交易。以国债跨市场转托管为例，若欲将持仓的某只国债从工商银行转至农业银行，首先须具备相应的投资者资格，通常需通过风险评估测试，多数投资者均能满足此条件；其次，在转托管前，须在工商银行和农业银行均开立债券账户；最后，转入方农业银行也须能提供该债券的报价服务。

债券的发行

债券发行主要包括三种方式：公募发行、私募发行、柜台发行。

公募发行有两种具体方式，即招标发行和簿记建档发行。招标发行是由发行人确定招标方式、中标方式等发行条件，并在市场上进行公开竞标，承销团成员则按照中标额度承销债券。招标方式涵盖数量、价格、利率和利差等，中标方式包括等比数量、统一价位、多重价位及混合式等，且招标方式与中标方式存在多种组合。目前，政府债券、金融债券、规模较大的公司信用类债券和政府支持机构债券多采用此方式发行。簿记建档发行则是在发行人和主承销商协商确定利率或价格区间后，由簿记管理人（通常由主承销商担任）与投资者进行一对一的沟通协商。

私募发行方式主要是根据协议定向发行。

第三种发行方式是柜台发行，从字面意思看，就是通过银行的柜台发行债券，当然了，现在电子化渠道普及，参与柜台发行，并不一定真的要去柜台，手机网银和电脑网银都可以参与柜台交易。柜台发行的门槛比较低，比如，在银行间市场发行国债，主要面向机构，而柜台发行还可以面向个人投资者。我们举个例子，国债在银行间市场发行后，一般都会同步在银行柜台发行，由承销商成员进行承购和分销。有些承销商在银行间市场承销了很多国债，但是并不想持有太多，就会在柜台市场分销给个人投资者。我们要记住的是，记账式国债招标结束后，一般就在商业银行柜台分销；储蓄国债比较特殊，不在银行间市场发行，仅在柜台发行，由发行人单独确定发行价格。

除了上述三种常见的发行方式外，还有面向境外投资者的发行方式，即跨境发行。跨境发行的主要债券品种包括明珠债和熊猫债。

第三节　债券交易必知概念

全价与净价

净价交易是在现券买卖时，以不含有自然增长应计利息的价格报价并成交；全价结算是按净价进行申报和成交后，以成交价格和应计利息额之和作为结算价格。目前银行间债券市场现券交易、回购交易、债券远期交易以及交易所的部分债券都采用净价交易全价结算的方式进行。

全价与净价之间的关系可以用以下公式表示：

$$全价=净价+应计利息$$

其中，应计利息是指在债券发行日期和当前日期之间的利息金额，它会随着时间的推移而增加，直到债券的下一个付息日。在债券交易中，买卖双方通常基于净价进行议价和成交。然而，在实际结算时，投资者需要支付的是债券的全价，即净价加上应计利息。这种结算方式有助于确保债券交易的公平性和透明度，同时也方便投资者计算实际投资成本和潜在收益。

具体来说，应计利息是事先可以确定且固定不变的，不存在波动；而我们日常所提及的债券价格波动，实际上是指净价的波动。与此同时，应计利息会随着时间的推移呈现线性增长的趋势。

票面利率与到期收益率

票面利率是指债券发行时规定的固定利率，是债券发行者每年向债券持有人支付的利息与债券面值的比例。票面利率通常是固定的，不受市场利率变化的影响。例如，如果债券面值为1000元，票面利率为5%，那么债券持有人每年将收到50元的利息。

到期收益率（YTM）是指投资者购买债券并持有至到期时，以现价买入，能够获得的年化收益率。它是债券投资的实际回报率，考虑了债券的票面利率、市场价格、剩余期限以及面值等因素。

从上面的定义可以看出，票面利率是债券发行时规定的固定利率，而到期收益率是债券持有至到期时的实际回报率。票面利率在债券发行时就已确定，不受市场利率变化的影响；而到期收益率则受市场利率、债券价格、剩余期限等多种因素的影响。

当债券的市场价格等于其面值时，到期收益率通常等于票面利率。这是因为债券以平价发行，投资者按照面值购买债券，并按票面利率获得利息收入，直至债券到期。当债券的市场价格低于其面值时，到期收益率会高于票面利率。因为投资者以低于面值的价格购买债券，相当于获得了额外的资本增值空间，从而提高了整体收益率。反之，当债券的市场价格高于其面值时，此时，到期收益率会低于票面利率。因为投资者以高于面值的价格购买债券，虽然仍能获得票面利率的利息收入，但相对于其支付的价格而言，整体收益率较低。

到期收益率是债券交易非常重要的一个概念。债券交易员在做债券交易时，都是以到期收益率作为报价，具体交割时，再根据到期收益率计算债券净价和全价。这与股票不同，我们交易股票，看到的就是股价，股票也不存在到期收益率的概念。

债券价格与市场利率关系

债券的价格实质上是其未来现金流的贴现值，而贴现过程中使用的关键因子正是市场利率。具体而言，当市场利率上升时，贴现计算中的分母会相应增大，导致现金流贴现后的现值减少，这意味着债券的市场价格会下降。相反，当市场利率下降时，贴现计算中的分母会缩小，现金流贴现后的现值随之增加，从而推动债券价格上涨。

从另一个角度来看，当市场利率上升时，新发行的债券为了成功发行，必须提供更高的利率以吸引投资者。这样一来，已经存在的、利率相对较低的债券对投资者的吸引力就会下降。因此，如果存量债券的持有者想要转让这些债券，他们就必须降低价格，以便在市场上成功出售。相反，当市场利率下降时，已有的、利率相对较高的债券就会变得更有吸引力，这自然会导致其市场价格上升。

简单总结，我们只需要记住一点就好：债券价格与收益率之间是反向关系，收益率越高，则价格越低；收益率越低，则价格越高。

久期

久期，作为债券投资领域的一个核心概念，是衡量债券价格对市场利率变动敏感度的关键指标。它反映了一个债券持有者平均需要多久的时间才能收回其投资，也可以被理解为债券投资者为了获取债券所提供的全部现金流，平均需要等待的时间长度。简而言之，久期的核心思想是对债券的现金流进行时间加权处理，从而提供一个综合考量时间因素的评估指标。

一般而言，债券的到期时间越长，其久期也就相应地越长。这是因为长期债券的现金流支付分散在较长的时间段内，导致平均回收期限的延长。而久期的长短又直接影响债券价格对利率变动的敏感度。久期越长，意味着债券价格对利率变动的反应幅度越大，即当市场利率发生变动时，债券价格的波动幅度会更大，相应地，投资风险也就越高。

具体来说，当市场利率上升时，债券价格普遍会呈现下降趋势，而久期较长的债券由于其价格对利率变动的高度敏感性，其价格下降幅度会相对更大。相反，当市场利率下降时，债券价格通常会上涨，而久期较长的债券其价格上升幅度也会更为显著。

因此，在债券投资过程中，投资者需要密切关注久期的长短以及市场利率的走势，以便更好地把握债券价格的波动趋势，从而制定更为合理的投资策略。

久期的计算公式较为复杂，本书就不再赘述，大家记住下面这个公式：

债券价格的变动比例 = - 久期 × 到期收益率变动量

举个例子，假如有两只债券，债券A到期时间3年，久期2.5年；债券B到期时间10年，久期7年。假如市场利率上升0.1个百分点（由2%上升到2.1%），那么债券A和债券B的价格如何变化？

由于债券A的久期较短（2.5年），它对市场利率变动的敏感度相对较低。根据上面的公式计算，债券A的价格下降比例大约等于-2.5×0.1% = -0.25%，即债券A的价格会下降约0.25%。

而债券B的久期较长（7年），因此它对市场利率变动的敏感度较高。当市场利率同样上升0.1个百分点时，债券B的价格下降幅度会相对较大。根据公式，债券B的价格下降比例大约等于-7×0.1% = -0.7%，即债券B的价格会下降约0.7%。

凸性

凸性是对债券价格收益率曲线曲度的一种度量，它描述了债券价格对收益率变动的二阶敏感性。简单来说，凸性衡量的是当收益率发生变动时，债券价格变动幅度的大小。凸性的数学表达式相对复杂，但可以从直观上理解为债券价格对收益率的二阶导数。凸性是对久期的一种补充。在利率变动幅度较大时，仅用久期来估计债券价格的变动会产生较大的误差。而凸性则能够修正这种误差，提供更准确的债券价格变动预测。因此，在评估债券风险时，投资者需要同时考虑久期和凸性两个因素。

具体来说，久期主要衡量债券价格对利率变动的线性敏感性，而凸性则衡量债券价格对利率变动的非线性敏感性。在利率变动幅度较小时，久期能够较好地预测债券价格的变动；但在利率变动幅度较大时，凸性的作用就显得尤为重要。

在实际应用中，投资者可以利用久期和凸性来制定投资策略。例如，在预期利率下降时，投资者可以选择久期较长的债券以获取更高的资本增值；在预期利率上升时，则可以选择凸性较大的债券以减少价格下跌的风险。

案例分析

为了更直观地理解上述概念，我们举个例子来说明。图3-2是特国2401债券在某天的交易分时图。在图的左上角，我们可以看到这只债券的简称"特国2401"及其交易代码"102267"。这是一只30年期的超长期特别国债，在深交所上市并已交易了一段时间。图中还显示了它的剩余期限为29.8712年，发行人是财政部，票面利率为2.57%，每半年付息一次，到期日为2054年5月20日。

图 3-2 特国 2401 交易分时图

图的中间部分是该债券的分时走势，我们可以看到交易时间为：上午9点30分至11点30分、下午1点至3点30分。

图的右下角是报价分档明细，显示的价格都是净价，即不包括利息的价格。右上角的"101.3865"是实时成交的净价，而它下方的"101.7174"则是全价，是包含利息的价格，也就是我们实际成交时的真正成本。此外，图中还显示了久期，为21.07年，虽然到期时间还有29年多，但是久期是加权的时间概念，并没有那么长。分时图显示，与101.3865元对应的到期收益率为2.5033%，即我们如果以101.3865元的价格买入该国债并持有到期，那么收益率就是2.5033%。值得注意的是，每个成交价格旁边都对应一个到期收益率。实际上，对于机构投资者而言，在日常交易中，他们报价时通常使用利率，包括在银行间市场买卖债券时，报的价格也都是利率。

第四节　柜台债券市场：套利新蓝海

前文简要提及了柜台市场的概念，本节将深入探讨这一重要领域。对于低风险投资者而言，未来务必将柜台债纳入投资视野。

市场现状与主要交易品种

柜台债券市场是我国债券市场的重要组成部分，其起步可追溯至2002年，当时央行发布了《商业银行柜台记账式国债交易管理办法》，允许个人和企业通过银行柜台认购和交易记账式国债。尽管该文件在2014年被废止，但其历史意义仍值得投资者深入了解。2016年，央行又发布了《全国银行间债券市场柜台业务管理办法》，进一步扩大了柜台债券的品种范围。

尽管柜台债券市场已历经20多年的发展，但其规模相对较小，仍有巨大的增长空间。截至2024年6月末，柜台债托管余额仅为7000多亿元，与我国百万亿元级的存量托管债券余额相比，占比甚低。然而，这一现象有望得到根本改变。2024年2月，央行发布了《关于银行间债券市场柜台业务有关事项的通知》，进一步扩容柜台债券投资品种，并优化了相关机制安排。这一政策的实施，标志着柜台债券市场将迎来新的发展机遇，未来规模有望持续扩大。

国债是最早进入柜台债券市场的交易品种，同时也是柜台市场规模最大的交易品种。我们低风险投资者关注最多的也是国债，在银行柜台可以交易的国债包括储蓄国债和记账式国债两大类。所谓的柜台交易，字面意思就是在银行柜面交易，实际上随着电子化交易的普及，投资者无须亲自前往银行柜面，通过手机银行或网银即可轻松完成交易，极大地提高了交易的便捷性。

相较于存款，储蓄国债提供了更高的收益率，因此备受个人投资者的青睐。柜台市场上销售的国债主要以储蓄国债为主，这些国债往往在上市后几分钟内就被抢购一空。以2024年为例，第三期和第四期储蓄国债（电子式）于6月10日正式发行，期限分别为3年和5年，票面利率分别为2.38%和2.5%，发行期虽然设定为6月10日至6月19日，长达9天，但实际销售情况异常火爆。据工商银行手机App显示，这两期国债分别在开售后2分钟和1分钟内就被抢购一空，足见其受欢迎程度。需要注意的是，储蓄国债虽不能直接交易，但投资者可以选择提前兑取。

而记账式国债则与储蓄国债有所不同，它可以在柜台市场上交易。银行会报出买入和卖出的价格，这为投资者提供了获取价差收益的机会。在柜台交易营业时间内，开办银行会对债券进行连续的双边报价，并在其营业网点挂出全行统一的债券买卖价格以及供投资者参考的到期收益率。当投资人卖出债券时，开办银行会按照公布的价格买入；同样，当投资人买入债券时，开办银行也会按照公布的价格卖出。这样的交易机制为投资者提供了更多的灵活性和获利机会。记账式国债的交易时间为每周一至周五，法定节假日除外。

我的实地验证发现，银行柜台的报价主要参考了银行间市场的价格。从理论上来说，银行报出的买卖价差越小，对投资人而言就越有利。目前，能够参与柜台市场的银行共有30多家。我对这些银行的数据进行了详细的梳理，发现大部分银行的买卖价差相对较大，这些银行都是想薅投资者的羊毛。然而，也有少部分银行保持着较小的买卖价差，这些银行无疑更值得我们关注和选择。建议大家在选择银行时，重点关注那些买卖价差较小、对投资者更友好的银行。

转托管的实践经验

投资者有权选择将他们在银行柜面购买的国债转托管到其他银行，当然，前提是这家银行也支持该国债的交易。不仅如此，投资者还可以选择将这些国债转托管到交易所，这里的操作更加灵活多样。你可以将国债转托管到上海证券交易所，也可以转到深圳证券交易

第三章 国债深度探索：年化 30%+ 的奥秘

所。更令人惊喜的是，交易所之间也支持互转，这意味着如果你在上海证券交易所购买了国债，你可以轻松地将其转托管到深圳证券交易所；反之亦然。

当初我去券商办理业务时，我向柜员提出了一个要求，希望将我持仓的国债从深圳证券交易所转到上海证券交易所。然而，那个柜员对此表示非常不理解，甚至质疑我是否具备基本的常识：深圳的股票怎么可能转到上海去呢？我耐心地向她解释，这是国债，与普通的股票相比是不同的证券产品。在我的再三坚持和耐心指导下，柜员终于同意为我操作这项跨市场的转托管业务，并且最终成功了。我应该是全国较早将国债在沪深交易所之间转托管的个人投资者。

套利者对转托管的到账时间极为关注，为了深入了解这一问题，我特意请教了中央结算公司的一位段姓老师。这位老师的态度非常客气，且业务熟练，对我的问题耐心解答。结合自己的实际操作经验，我摸索出了以下规律：如果是银行系统间的转托管，最迟操作时间为下午四点，债券会在第二个交易日到账。对于从银行柜台转至交易所的情况，如果在14:00前转托管，债券会在T+1日到账；而14:00后进行转托管，则债券会在T+2日到账。实践中我发现，银行转至上交所确实符合这个规则，但银行转至深交所时，债券依然是在T+2日到账，这可能意味着深交所在这方面有些特殊。另外，我建议大家不要卡点进行转托管，因为接近14:00的时候，有可能会被算作下一个交易日的操作。对于沪深交易所之间的互转，如果在15:00之前进行，债券会在T+1日到账；也有说法认为上交所转至深交所可以在15:30之前进行，但这一点尚待验证。至于从交易所转托管至银行的情况，遗憾的是，我目前还没有实测成功。券商的系统实在令人头疼，我曾质疑他们的系统存在缺陷，但他们却置若罔闻。这还是一家老牌国企券商呢！当时在实际操作时，我也发现了银行系统的缺陷，但当我提出后，他们就马上加班加点优化完善了。真是鲜明的对比啊！

关于转托管是否收费的问题，根据《国债跨市场转托管业务管理办法》的规定，个人投资者在进行转托管操作时，应支付不高于转出国债面值金额的0.005%作为转托管费，且单笔（单只）国债的转托管费用设有最低10元和最高1万元的限制。然而，在实际操作中，我发现转托管服务并未收取任何费用。

从长远来看，柜台债券市场无疑将不断发展壮大。目前，柜台债券市场的主要交易品种为国债和地方政府债，但未来随着市场的不断发展和投资者需求的多样化，公司债等更多品种有望纳入柜台交易范围。这将为投资者提供更多选择，并进一步提升柜台债券市场的吸引力。同时，一些机构也可能加入柜台债券的交易行列，为市场注入更多活力。

第五节　套利的逻辑

前文所述内容繁多，核心目的在于引出如下两个问题：作为投资者，我们如何盈利？为何国债成为套利的优选标的？这主要基于以下几点原因：

分割的市场

同一只国债,既可以在上交所交易,也可以在深交所交易,甚至还可以在银行柜面进行交易,而银行柜面又涉及30多家不同的机构。一般而言,上交所交易相对活跃,深交所则显得平淡。很多时候,上交所的价格会比深交所略高,高出万分之十左右。例如,一只国债在上交所的报价可能为101.2111元,而深交所的报价可能仅为101.1111元。银行的报价差异则更大,大部分银行的报价区间高得离谱,几乎无套利空间。然而,也有少部分银行的报价相对合理,因为这些银行参考的是银行间市场的报价。银行间市场主要是机构间的交易,成交价格相对理性,一般会比交易所的价格低一些。如果银行参照这个报价,且买卖价差也小的话,其价格很可能就比交易所的价格还低。比如还是这只国债,在某家银行的报价,可能就只有101.0111元。

不同的交易机制

不同的交易场所采用不同的交易机制。交易所实行竞价交易,此外还有匹配、点击、协商成交方式,交易时间为9:30—11:30,13:00—15:30。其实交易所还有个固收平台,这里面的故事也很多,有兴趣的读者可以自行寻找资料学习,本书不再赘述。银行间市场则采用询价交易方式,交易时间为9:00—17:00。柜台市场则是由银行机构进行连续双边报价,不同银行报价差异很大,交易时间各家银行有所不同,但一般不会超出10:00—16:30这一区间。

不同的投资者

我发现，在不同的交易场所，投资者基础其实存在很大的差异。例如，交易所市场主要就是我们这些常见的股民以及一些做市商。银行间市场则主要是大的机构投资者，如银行、券商等。而柜台市场则主要面对绝大多数普通老百姓，这些投资者平常可能并不炒股，风险承受能力较低。当然，也有不少中小机构投资者，如一些小型农商行，它们无法参与银行间市场交易，但也有债券配置需求，因此可以选择去银行柜台买卖债券。因为各个市场的投资者相对独立，所以即使存在价差，主动进行套利的也只是少数，这也是价差一直保持的主要原因之一。

第六节　实战案例详解

查找国债发行计划

要获取国债发行计划，我们首先需访问财政部官方网站。具体路径为：首页—专题—政府债券管理（http://gks.mof.gov.cn/ztztz/guozaiguanli/）。该页面主要包含四大板块：国债管理工作动态、储蓄国债发行、记账式国债（含特别国债）发行、地方政府债券管理。

在"国债管理工作动态"一栏中，我们可以找到国债发行计划以及财政部在国债方面的相关工作情况。例如，2024年一般国债、超长期特别国债的发行安排（见图3-3）就可以在这里找到。了解国债发

第三章　国债深度探索：年化30%+的奥秘

行计划后，如果有投资打算，我们就可以提前做好资金安排。

图3-3　2024年一般国债、超长期特别国债发行安排

在"记账式国债（含特别国债）发行"一栏，所有涉及记账式国债发行的信息在这里都可以找到。我们以30年期超长期特别国债为例（见图3-4），记住几个关键的投资要点：

第一，该品种为30年期固定利率附息债券，其票面利率通过招标方式确定。招标时间为2024年5月17日上午10:35至11:35，而招标价格（票面利率）通常会在当天晚上公布。实际上，一般在上午时分就会有相关消息流出。根据招标情况，包括招标价格和倍数等，我们可以初步判断这期国债的市场受欢迎程度。后续发布的公告（国债业务公告2024年第71号）显示，最终招标的票面利率确定为2.57%。

关于2024年超长期特别国债（一期）发行工作有关事宜的通知

财办库〔2024〕95号

记账式国债承销团成员，中央国债登记结算有限责任公司、中国证券登记结算有限责任公司、中国外汇交易中心、上海证券交易所、深圳证券交易所：

财政部拟发行2024年超长期特别国债（一期）（30年期）。现就本次发行工作有关事宜通知如下：

一、债券要素

（一）品种。本期国债为30年期固定利率附息债。

（二）发行数量。本期国债竞争性招标面值总额400亿元，不进行甲类成员追加投标。

（三）票面利率。本期国债票面利率通过竞争性招标确定。

（四）本息兑付日期。本期国债2024年5月20日开始计息。每半年支付一次利息，付息日为每年5月20日（节假日顺延，下同）和11月20日，2054年5月20日偿还本金并支付最后一次利息。

二、竞争性招标安排

（一）竞争性招标时间。2024年5月17日上午10:35至11:35。

（二）竞争性招标方式。本次竞争性招标采用单一价格招标方式，标的为利率。

（三）发行系统。通过财政部政府债券发行系统进行招标发行。

（四）标位限定。每一承销团成员投标标位差为45个标位。投标标位区间为招标日前5个工作日（含第1和第5个工作日）财政部公布的中国国债收益率曲线中，30年期国债收益率算术平均值上下各浮动10%（四舍五入计算至0.01%）。

三、发行款缴纳及发行手续费

中标承销团成员于2024年5月20日前（含5月20日），将发行款缴入财政部指定账户。缴款日以财政部指定账户收到款项日期为准。

收款人名称：中华人民共和国财政部

开户银行：国家金库总库

账号：270—247701—1

汇入行行号：011100099992

本期国债发行手续费为各承销团成员承销面值的0.06%。

四、分销及上市日期

本期国债招标结束至2024年5月20日进行分销，5月22日起上市交易。

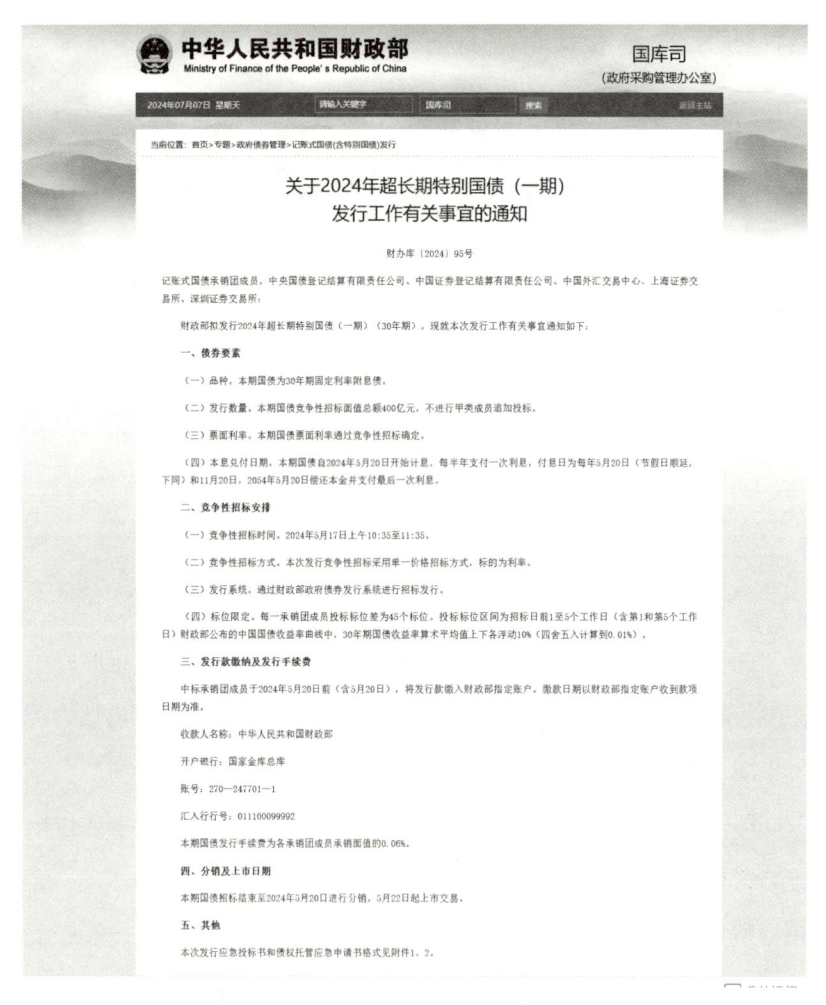

五、其他

本次发行应急投标书和债权应急申请书格式见附件1、2。

图3-4　30年期超长期特别国债发行通知

第二，分销及上市日期是另一个重要的时间节点。本期国债在招标结束后，将从即日起至2024年5月20日进行分销。而自5月22日起，该国债将正式上市交易。若有意投资此债券，投资者需在5月20

54

日关注哪家银行开了分销,因为只有在分销的银行才能购买到该债券。首发购买通常被称为认购,分销开始于5月20日,并且一般当天就会结束认购。随后,在5月22日,该债券将在交易所、银行间市场以及银行柜面同步上市。

我如何赚到第一笔国债套利的钱?

30年期超长期特别国债首发时,我并没有参与认购,甚至都没有留意这条信息。然而,5月22日上市首日,国债价格暴涨,我立刻意识到了其中存在的套利机会。

当时,不仅财经媒体广泛报道了特别国债暴涨的消息,众多投资类微信公众号也纷纷跟进,更有观点指出其中可能蕴藏着套利机会。然而,尽管这一话题热度颇高,真正深入探究并付诸实践的投资者却寥寥无几。部分投资者虽曾试图尝试,但在遭遇初步障碍后便选择了放弃。在意识到这一潜在机会后,我就全身心投入到相关文件的学习中,包括本章所涉及的众多知识点,都是我在短短一两天时间内迅速掌握的。同时,我也深知理论与实践相结合的重要性,因此不断进行实地探索与验证。最终,在经历了多次失败与挑战后,我成功走通了这条套利之路。

发现交易所场内的国债价格飙升之后,我马上对比了银行柜面的价格(见表3-1),发现只比首发价格略高一点,明显低于交易所内的价格。于是,我当机立断,以大约100.06元的价格购买了5000张特别国债。紧接着,我马上联系银行客户经理,咨询转托管的相关事宜。然而，折腾了两天，转托管并未成功。此时，交易所场内的价格也已经回落到合理水平。于是，我在银行柜台以大约100.45元的价格将所持有的国债全部卖出。这次投资，我总共投入了约50万元，盈利了2300元。整个过程只花了两天时间，年化收益率高达80%以上！

表3-1 24特别国债01报价

单位：元

报价日期	投资者买入全价	投资者卖出全价	应计利息
2024-05-22	100.0659	99.9618	0.01
2024-05-23	100.543	100.4383	0.02
2024-05-24	100.4976	100.3929	0.03
2024-05-27	100.3614	100.257	0.05
2024-05-28	100.63	100.5252	0.06
2024-05-29	101.2155	101.0573	0.06
2024-05-30	101.1696	101.0115	0.07
2024-05-31	100.3891	100.2326	0.08
2024-06-03	100.6191	100.4621	0.10
2024-06-04	100.626	100.4691	0.10
2024-06-05	100.8951	100.7377	0.11
2024-06-06	100.902	100.7446	0.12
2024-06-07	103.1447	98.3259	0.13
2024-06-11	101.1468	101.0416	0.15
2024-06-12	101.1537	100.9959	0.16
2024-06-13	101.3714	101.2133	0.17
2024-06-14	103.636	98.7929	0.17

续表

报价日期	投资者买入全价	投资者卖出全价	应计利息
2024-06-17	101.6103	101.5045	0.20
2024-06-18	102.0734	101.9671	0.20
2024-06-19	102.0483	101.942	0.21
2024-06-20	102.5352	102.4282	0.22
2024-06-21	102.1152	102.0089	0.22
2024-06-24	102.509	102.4021	0.24
2024-06-25	102.9982	102.8907	0.25
2024-06-26	102.8975	102.7902	0.26
2024-06-27	105.3447	100.4096	0.27
2024-06-28	103.4496	103.3416	0.27

实际上，如果这笔投资长期持有一个月的话，价格可能会上涨到102元左右，年化收益率也能达到24%。当然，这其中有债市疯牛的因素。如果只是短期套利的话，没有必要持有这么长时间，因为久期太长的债券波动过大。

背后逻辑思考

这次事件之后，我深刻意识到认购国债确实存在套利空间。我仔细思考了其中的原理：2024年计划发行一万亿元的超长期特别国债，甚至有经济学家建议每年发行5万亿元、十年内发行50万亿元的超长期国债。面对如此庞大的发行量，如果国债一上市就破发，那么未来的发行将如何进行呢？更何况，很多国债是面向普通老百姓销售的，而他们的风险承受能力相较于股民来说要低得多。如果国债上市即破发，对内又如何向公众解释和交代呢？此外，从宏观层面来看，长期利率一再走低，无疑也对长债定价形成了强有力的支撑。

与2019—2020年的LOF基金套利相似，本次国债套利的成功同样得益于宏观经济环境的助力。债券市场是一个独特的市场，若不考虑场外期货等做空渠道，在债市中获利的主要途径便是做多。无论是赚取票息收益还是价差收益，唯有价格上涨才能实现盈利。即便预判利率将上行，投资者也只能选择减仓以降低损失，但这并不能保证实现盈利。实际上，套利策略为投资者提供了另一条路径。在债券市场，分割的交易机制在短期内不会发生改变，因此套利空间理论上将持续存在。投资者完全可以合理利用这一套利机制，以提升自身的投资收益。

特别国债的首发价格是由市场竞争决定的，许多机构选择长期持有，并不会在二级市场上进行交易。因此，在柜面交易的国债会享有一定的流动性溢价。此外，由于特别国债的关注度极高，首发上市后，如果是在银行进行分销，银行出于舆情考虑，也很难让其价格跌破发行价。至于在交易所上市的特别国债，由于其规模较小，供给小于需求，因此上涨的概率也更高。

因此，在后续的20年、50年超长期特别国债首发认购中，我都积极参与了。我以100元面值的价格进行认购，并在大约100.4至100.6元的区间内卖出。每投入100万元，我能赚取4000至6000元的利润，而且整个过程只需两三天时间。我认为这样操作的性价比非常高，收益率远远超过了货币基金等现金理财类产品。

进阶玩法——跨市场套利

通过观察表3-2，我们可以发现某只国债在银行柜面与交易所场内的价格差异。在不少交易日里，交易所的价格实际上要高于银行柜面的价格。针对这种情况，如果投资者打算长期持有该债券，那么一个明智的策略就是在交易所卖掉手中的国债，同时在银行柜面以较低的价格买入该债券，并进行转托管操作。这样一来，投资者就可以轻松赚取两者之间的价差收益。

表 3-2　某国债银行柜面与交易所价格比较

单位：元

报价日期	银行柜面买入价	交易所价格 开盘价	交易所价格 最高价	交易所价格 最低价	差价 开盘价减柜面买入价	差价 最高价减柜面买入价	差价 最低价减柜面买入价
2024-06-19	100.24	100.84	101.03	100.20	0.60	0.79	-0.04
2024-06-20	100.24	100.40	100.56	100.25	0.16	0.32	0.01
2024-06-21	100.32	100.43	100.50	100.15	0.11	0.18	-0.17
2024-06-24	100.98	100.24	100.45	100.24	-0.74	-0.53	-0.74
2024-06-25	100.92	100.47	100.88	100.47	-0.45	-0.04	-0.45
2024-06-26	100.93	100.86	101.03	100.71	-0.07	0.10	-0.22
2024-06-27	101.29	100.99	101.32	100.97	-0.30	0.03	-0.32
2024-06-28	101.81	101.40	101.85	101.36	-0.41	0.04	-0.45

续表

报价日期	银行柜面买入价	交易所价格 开盘价	最高价	最低价	差价 开盘价减柜面买入价	最高价减柜面买入价	最低价减柜面买入价
2024-07-01	100.82	101.81	102.52	101.12	0.99	1.70	0.30
2024-07-02	102.41	101.20	101.31	100.66	-1.21	-1.10	-1.75
2024-07-03	101.12	101.27	101.58	101.25	0.15	0.46	0.13
2024-07-04	100.98	101.54	101.54	100.91	0.56	0.56	-0.07
2024-07-05	100.71	100.93	100.98	100.49	0.22	0.27	-0.22
2024-07-08	99.81	100.56	100.56	100.19	0.75	0.75	0.38

以2024年7月8日的交易为例，这一天国债延续了前几天的大跌趋势。在银行间市场，该债券的价格跌至99.59元，而银行柜面的价格虽然略高于银行间市场，但也只有99.81元，全部跌破了面值。然而，交易所的价格却相对坚挺，仍然保持在100元面值以上。

在这种情况下，我们可以在银行柜面以99.81元的价格买入债券，并将其转托管至交易所。同时，在交易所内卖出相同数量的债券。这样，我们的国债数量保持不变，但成本却降低了。如果我们当天不进行任何操作，这只债券的价格会下跌0.168元。然而，通过套利操作，我们可以获得0.49元的差价收益（当日均价100.3元减去99.81元的买入价）。即使扣除当日债券下跌的价格0.168元，我们仍然可以获得约0.322元的收益。

此外，同一只债券在沪深交易所之间的价格也并非完全一致。理论上，既然都在交易所交易，价格应该完全一样，但实际上并非如此。总体来看，上交所的国债流动性较好，而深交所的流动性较差。有时候，深交所会连续五六分钟没有成交。其实这个时候就可以"捡漏"了。有些深交所的投资者为了尽快成交，会低价卖出他们持仓的国债。这个时候，我们可以买入深交所的国债，同时卖出上交所的国债。然后，我们将深交所的国债转托管到上交所，从而实现了日内的套利操作。

通过这种来回的"搬砖"交易，我成功地将国债的收益率提高到了年化30%以上。

地方政府债：不时涌现的套利良机

地方政府债与国债一样，是信用等级最高的利率债。地方政府债也可以在银行间市场、交易所、柜台市场交易，也可以办理转托管。如果只是从套利策略的核心逻辑出发，地方政府债与国债在套利机制上并无二致，二者之间的主要差别在于市场流动性。具体而言，在银行间市场及柜台市场中，地方债展现出相对良好的流动性，但在证券交易所内，其流动性则显著逊于国债。

地方政府债的信用毕竟不如国债，而且全国有三十多个省级行政区，不同区域的省市议价能力也不一样。比如，经济较为发达的江浙沪地区，其地方债往往能以较低的利率成功发行，而中西部地区则因经济相对落后，需以更高的利率吸引投资者。然而，无论区域如何，这些地方政府债券在偿债能力上均表现稳健，因此，当利率差异显著时，可能就会存在套利空间。

低风险 套利实战

我举一个套利案例,大家就明白了。

2024年8月21日,山西省政府发行了一只5年期地方债,债券简称24山西债28,代码2405718,分销日期为8月21日至8月27日,上市日期为8月29日。值得关注的是,该债券发行票面利率高达2.2%,我当时看到这个利率都惊呆了,同期市面上的5年期地方债利率在2%左右,存在明显的套利空间。

大家可以自己测算盈利空间,基于债券久期公式,可以估算出24山西债28的久期为4.78年,认购利率为2.2%,假如上市后利率会回到市场平均水平(2%),也就是利率下降0.2个百分点,那么按照久期公式,这只债券的价格就要上涨0.2%×4.78=0.956%,也就是将近1%的绝对收益!如此显著的套利空间,自然引发了市场的热烈反响。

这个价格,想都不要想,肯定要疯抢啊。大概有七八家银行开了24山西债28的分销,虽然分销的时间有七天,但实际上,第一天就售罄了。看来广大投资者也觉得这个价格过低了。

8月29日,24山西债28上市交易,与我预料的完全一致,银行柜面价格上涨至100.9元左右。按照该买入价格,到期收益率为2%左右,如果8月21日认购成功,到8月29日卖出,绝对收益率0.9%,年化收益率高达41%!无疑是一次成功的套利操作。

需要关注的风险点

国债套利,这一看似稳健的投资策略,实则并非毫无风险。尤其是在涉及久期较长的国债时,我们必须时刻保持警惕,因为利率的微小波动都可能引发国债价格的剧烈波动，从而带来不可忽视的风险。

自2023年以来，全球经济承压，降息预期升温，国债市场因此经历了一拨单边牛市行情。10年、20年，甚至30年期的国债收益率相继跌破2.5%的低位，债市交易变得异常拥挤。在这样的市场环境下，许多买入债券的投资者确实赚取了丰厚的利润。然而，这并不意味着未来还能继续轻松赚取同样的收益。市场的周期性变化是不可避免的，我们必须对此有清醒的认识。事实也正是如此，2024年9月末，股市大涨，资金从债市流出，债市连续调整，仅仅三天时间就将几个月的涨幅跌没了。

作为套利者，在追逐那看似诱人的价差收益之前，我们需要认真考虑一个问题：我们多赚取的那点价差收益，是否真的能够抵挡住潜在的价格波动风险？这是一个关乎投资成败的核心问题，也是我们在开启套利旅程之前必须想清楚的重要事项。

为了更好地评估这一风险，我们还需要深入研究国债市场的历史走势和当前的市场环境，因为这些因素都将对国债的收益率和价格产生重要影响。除了上述的外部风险，我们还需要关注自身的投资能力和风险承受能力，必要时可以使用国债期货做对冲。只有当我们充分了解了市场的状况，明确了自己的投资能力和风险承受能力时，我们才能更加稳健地走在国债套利的道路上。记住，投资是一场长跑，而不是短跑，我们需要的是稳健和持续，而不是一时的冲动和盲目。

第四章

LOF 基金套利：
昔日辉煌与实战精髓

第四章　LOF 基金套利：昔日辉煌与实战精髓

2020年之前，LOF基金套利这一投资策略曾风靡一时，吸引了众多投资者的目光。那时候，许多套利党通过各种套利策略，在LOF基金市场上赚取了丰厚的利润，实现了财富的快速增长。

然而，好景不长。2021年之后，随着基金抱团现象的瓦解以及部分高估值股票泡沫的破裂，基金净值开始下跌，基民们纷纷选择赎回，形成了一个不断恶化的负反馈循环。这使得基金的表现变得异常糟糕，远远低于投资者的预期。在这样的市场环境下，很多原本寄希望于投资基金获得稳定收益的投资者，反而遭受了惨重的损失。

这一系列的变故，让LOF基金套利这一策略一度陷入了沉寂。我也开始重新审视这一策略的风险与收益，思考在什么样的市场环境下它才能真正发挥作用。

说来也巧，在本书刚完成初稿的时候，我还在想：LOF基金套利会沉寂多久？很多入行套利晚的朋友都没有经历过2015—2017年、2019—2020年的套利盛宴，做的都是一些一拖七的"小羊毛"套利，实际上在几年前，套利党都是不太看得起这些"小羊毛"的。

但是形势变化之快，远超我的想象。2024年9月底，股市狂飙，这种行情，不知道能持续多久，也不知将如何收场。对于低风险投资者来说，当下的套利行情和以往完全不同，几乎是躺着赚钱，裸套可以，对冲也可以。以至于一些收益率稍低一些的套利机会，就连很多低风险投资者也看不上了。诸如债市回调，出现了1个百分点的价差机会，市场直接无视；诸如期指升水套利，一个月3%十拿九稳的收益，也有很多人看不上。大家都在往股票里冲，谁还看得上套利？实际上，这个阶段LOF基金套利机会并不少，也出现了诸多三天30%的套利机会。风来的时候，猪都能上天。我们唯一需要做的是，把武器准备好，修炼好内功，等风大的时候，把握好机会。

第一节 基金产品概览

基金分类

基金作为集合投资、专业管理、分散风险的金融工具，大家对其基本概念已相对熟悉。中国基金市场历经多年的蓬勃发展与创新实践，已构建起一套独具特色、与国际市场并行不悖的产品体系。在深入探讨LOF套利策略之前，我们需要先对国内的基金产品体系进行一番梳理。在这一体系中，LOF基金以其独特的运作机制，成为连接场内与场外市场的桥梁，不仅实现了投资方式的多元化，提供了投资的便捷性，还给很多套利者带来了丰厚的收益。

基金按其设立方式，可划分为封闭式基金和开放式基金。封闭式基金采用封闭式运作方式，基金份额总额在基金合同期限内固定不变。这类基金通常在证券交易所上市交易，为投资者提供了另一种交易选择，不过在封闭期内不可以申购也不能赎回。相比之下，开放式基金则更灵活，基金份额总额随市场需求波动，投资者可根据自身意愿，在基金合同规定的时间与场所内自由申购或赎回份额。

基金根据交易场所的不同，区分为场内基金和场外基金。场内基金是指在证券交易所挂牌上市的基金，ETF、LOF、REITs都属于场内基金。相比之下，场外基金是在交易所之外进行交易的基金，常见的交易渠道包括银行、支付宝等第三方平台，这些平台为投资者提供了便捷的基金购买与赎回服务。大部分基民买的基金都是在场外渠道购买的。值得注意的是，部分基金如LOF基金，其独特之处在于既能在场内市场进行交易，也能在场外市场灵活操作，为投资者提供了更多的交易选择。

在基金购买渠道方面，虽然银行作为基金代销的主要力量之一，为众多投资者所熟知，但其申购费用往往并不便宜，通常在0.5%至1.5%之间不等。相比之下，利用支付宝、天天基金网等互联网平台购买基金，则能享受到更为优惠的费率政策，如常见的申购费一折优惠，有效降低了投资者的成本。

更进一步，若投资者直接访问基金公司的官方网站进行申购，还可能享受到更为低廉的费率优惠，如低至0.1折的申购费率，甚至部分基金产品提供免申购费的特别优惠。因此，在选择基金购买渠道时，投资者应当综合考虑费用成本、操作便捷性及个人偏好等因素。

LOF 基金的主要特点

LOF基金是开放式基金的重要一员，以其独特的交易机制脱颖而出。LOF基金全称是上市开放式基金，是指可在交易所认购、申购、赎回及交易（买卖）的开放式证券投资基金。投资者既可以通过交易所场内证券经营机构认购、申购、赎回及交易上市开放式基金份额，也可通过场外基金销售机构认购、申购和赎回。

低风险 套利实战

  LOF基金是国内独有的基金产品，具有浓厚的中国特色。该类基金的问世，无疑是中国基金市场发展历程中的一个重要里程碑，它不仅丰富了投资者的选择，也促进了市场资源的优化配置。第一只LOF基金——南方积极配置混合基金（160105）于2004年12月20日正式在深交所上市交易，发展至今已有将近20年历史，但很多投资者对此依然不太熟悉。实际上LOF基金经历过一段繁荣发展时期，后来随着行情的起起伏伏，又沉寂下来，包括当年的分级基金，由盛转衰，令很多投资者唏嘘。现在LOF基金大有被ETF赶超的趋势，不过我坚信随着行情的恢复，LOF必将再次大放异彩。

  总结LOF基金主要有4个特点：（1）上市开放式基金本质上仍是开放式基金，基金份额总额不固定，基金份额可以在基金合同约定的时间和场所申购、赎回。（2）上市开放式基金发售结合了银行等代销机构与交易网络二者的销售优势。（3）上市开放式基金获准上市交易后，投资者可以选择以当日收市后的基金份额净值申购/赎回基金份额，申购/赎回分为场外申购/赎回以及场内申购/赎回，场外是指基金的代销机构，这个代销机构可以是银行、天天基金网、支付宝、券商场外理财平台，在这些渠道申购LOF基金，叫作场外申购；场内是指证券交易所场内，我们在券商软件可以看到"场内LOF"，在这个端口申购LOF基金，就是场内申购。（4）投资者也可以选择在交易所各会员证券营业部按撮合成交价买卖基金份额，这个就像买卖股票一样。

第二节　LOF套利核心概念

2019—2020年堪称LOF基金套利的黄金时期。彼时，A股市场处于持续上扬的轨道，政策环境宽松，公募基金展现出强劲的赚钱效应，极大地激发了投资者的热情。众多投资者纷纷涌入基金市场，希望通过基金这一便捷工具参与市场投资，其中不乏对热门网红基金的追捧，进而引发部分基金出现显著溢价。在这一阶段，LOF基金套利策略尚未广泛为人所知，尽管部分基金持续溢价，且市场流动性充裕，但不少投资者仍对此类套利机会视而不见，认为其收益相较于直接投资股票而言缺乏吸引力。然而，在当时的市场环境下，LOF基金套利实则是一个风险极低且潜在收益可观的策略。

随着市场热度的不断攀升，"一折申购"券商服务的普及，以及众多知名微信公众号大V的积极推广，LOF基金套利策略逐渐走入大众视野，并吸引了大量投资者的参与。这一趋势直接导致市场竞争加剧，越来越卷，简单的溢价套利策略变得愈发困难。为了提升套利成功率，投资者开始寻求更为复杂的操作手法，如结合基金的限购额度、市场热度、流动性等因素进行综合考量。

LOF基金套利的本质，实际上是一种跨市场"搬砖"策略，其核心在于利用不同市场间的价格差异，以较低的成本购入基金份额，随后在价格较高的市场卖出，从而实现盈利。为了成功实施这一策略，以下几个关键概念需要投资者深入理解和掌握。

第一，场内与场外。之前我们已探讨过，"场内"与"场外"的"场"，特指证券交易所这一核心平台。LOF基金独具特色，它不仅能在交易所内（场内）进行买卖，如同股票交易一般便捷，还能在交易所之外（场外）通过银行、支付宝、天天基金网等多种渠道购买。值得注意的是，券商同样提供了场外交易渠道，通常归类为理财或开放式基金板块，为投资者提供了更为灵活的选择。

第二，净值与价格。基金净值是指基金总资产减去总负债之后，除以全部的基金份额，代表的是每一份基金份额对应的市场价值。基金净值一般每日计算，反映了基金投资组合的实时价值，是基金市场价值的重要参考指标。而基金价格，特指在交易所内交易时形成的市场价格，受市场供需、证券市场环境等多重因素影响，通常与基金净值保持相对接近，但也可能因市场波动而有所偏离。

第三，折价与溢价。当LOF基金在交易所内的交易价格低于其净值时，这一现象被称为折价；反之，若价格高于净值，则构成溢价。这两种状态反映了市场对基金价值的即时评估与基金内在价值的相对关系。

第四，买入和申购。投资者既可选择在交易所内以实时市场价格直接买入LOF基金，享受即时交易的便利；也可以净值申购基金，无论是场内还是场外均可进行申购操作。买入成本随市场价格波动而变化，而申购成本则锁定在当日基金净值。特别地，申购既可以在场内进行，也可以在场外进行，场内申购的基金一般T+2日到账后可再次在场内卖出；而场外申购的份额依然托管在场外，无法在场内交易，这时则需考虑转托管至场内实现以市价卖出。办理转托管需要事先向自己的券商询问席位号。

此外，对于首次发行、处于募集期的LOF基金，我们首次买入该基金的操作叫作认购。

第五，卖出和赎回。与买入和申购相对应，投资者同样可以在场内以市场价格直接卖出LOF基金，或选择以净值赎回基金。卖出价格随市场波动，赎回成本则固定为赎回当日的基金净值。

上海的LOF基金，当天买入，当天可以赎回；深圳的LOF基金，当天买入，要次日才可以赎回。

第六，交易佣金。买卖LOF和买卖股票一样，都需要缴纳手续费，LOF交易佣金一般万一左右。申购与赎回费用则根据基金类型及持有期限有所不同。申购费用体现为申购费率，一般债基申购费率在0.8%左右，股票型LOF基金申购费率在1.2%左右。赎回LOF费用体现为赎回费率，持仓7天以内的LOF基金，赎回费率1.5%，持仓大于7天的LOF基金，赎回费率会有所降低，一般基金持有期越长，赎回费率越低。

部分券商为吸引客户，会推出佣金折扣优惠。例如，在基金申购方面，它们可能提供高达一折的佣金优惠。这意味着，原本按照标准费率1.5%计算，申购一万元基金需支付的佣金为150元，但在享受一折优惠后，实际仅需支付15元，从而为投资者节省了相当可观的费用开支。

在执行某些申购限额较小的LOF基金套利策略时，享受一折申购佣金优惠往往是实现成功套利的必要条件。为了获取具体的佣金优惠信息，投资者可以主动咨询其开户券商的客户经理。此外，通过网上搜索或关注相关财经公众号，投资者能够发现众多推广一折券商开户服务的文章。

然而，值得注意的是，某些网红营业部因吸引了大量以套利为目的的开户者，可能在市场遭遇极端情况，如需要在跌停价抛售时，面临交易拥堵的困境。这种情况下，投资者的卖出挂单可能会因为排队过于靠后而无法及时成交，进而影响套利策略的顺利执行。因此，在选择开户营业部时，除了考虑佣金优惠等因素外，还应关注其交易系统的稳定性和处理能力，以确保在关键时刻能够顺利完成交易。

第七，折价/溢价套利。如果场内LOF基金交易价格低于其净值，我们可以以市价买入该基金，然后以净值赎回，这叫折价套利。如果场内LOF基金交易价格高于其净值，我们可以以净值申购该基金，然后以市价卖出，这叫溢价套利。套利原理很简单，但是实际操作的时候，会受到各种因素的制约。比如，折价套利的时候，当日基金净值是无法事先知道的，只能估算，但是估算会有误差，如果实际净值比买入价格还低，那么套利就失败了；在溢价套利的时候，申购的份额要T+2日才能到账，等份额到账卖出的时候，溢价可能已经消失，套利也会失败。此外，套利还需要考虑各种摩擦成本（交易费率、申赎佣金）。

第八，转托管。如果是在场外申购的LOF基金，可以转托管到场内卖出，转托管一般T+2日到账。到账之后可以在场内卖出。

第九，A股LOF基金与QDII基金。如果基金只投资A股市场，就是A股LOF基金，这类LOF不支持T+0交易；如果投资境外市场，则为QDII基金，一般都支持T+0交易，除非持仓也有A股股票。

A股基金的申购到账时间是T+2日，赎回到账时间也是T+2日；QDII基金的申购到账时间一般是T+3日，赎回到账时间则较长，一般是T+7日，但是这个不太确定。

在上述探讨的众多概念中，为了加深理解，我们可以借助一个生动的比喻来加以阐述。想象一下，我们前往一个大型批发市场，精心挑选了一批苹果，并以1元/斤的固定价格（相当于基金的净值）完成采购。随后，我们将这批苹果运送至超市（这里，超市便如同交易所的"场内市场"）进行销售。

在超市的货架上，苹果的价格不再是批发时的一成不变，而是会根据市场需求和顾客偏好灵活调整。或许，由于苹果品质上乘、口感鲜美，它们成了热销商品，价格因此水涨船高，达到了1.2元/斤（基金在场内市场的溢价状态）；反之，若顾客对这批苹果兴趣不大，销量不佳，价格可能会下调至0.8元/斤，出现折价现象。

通过这个比喻，我们可以清晰地看到，从以净值（批发价）申购苹果，到在场内市场（超市）以市场价（可能溢价也可能折价）出售的过程，恰似基金投资中的申购与交易环节。在这个过程中，市场供求关系、产品竞争力等多种因素共同作用于最终的销售价格，与基金在场内交易时价格受市场波动影响、围绕净值上下浮动的原理不谋而合。

第三节 必备的套利技能

发现套利机会

LOF套利的原理很简单,就是一种利用基金在场内交易价格和基金净值之间的差异进行买卖操作,从而获取利润的投资策略。套利首先要对基金价格进行监控,可以使用集思录等网站,查看基金实时折溢价估算数据。

对于溢价率或折价率在合理范围(如3%以上)且日成交额较大的LOF基金,投资者可以重点关注。如果有该基金的持仓,套利是无风险的。比如某只基金场内溢价3%,这个时候可以以市价卖出持仓的基金,同时以净值申购相同数量的该基金,这样持仓的基金数量不变,但是成本会减少3%,相当于盈利3%。不过要注意持仓的基金持有时间最好大于7天,否则要收取1.5%的高额赎回费率。

如何判断标的是否符合套利标准

1. 折/溢价率

LOF基金在场内交易的价格与基金净值之间的差异是套利的基础。当交易价格高于净值时,即出现溢价现象,预示着潜在的溢价套利机会;反之,若交易价格低于净值,则理论上存在折价套利空间。溢价率或折价率的大小决定了套利空间的大小,一般来说,溢价率或折价率需要达到一定水平（如3%以上）才具有套利价值。值得注意的是，对于一些债券基金，本身基金波动幅度比较小，可以适当放宽折溢价水平。

2. 流动性

流动性是衡量基金份额在市场中交易活跃度的核心指标，良好的流动性是确保套利操作顺利进行的关键。在选择LOF套利标的时，应优先考虑那些流动性佳、成交量大的基金，以确保套利交易的顺畅执行。相反，成交量小（如每日仅数百万元乃至数万元成交额）、买一和卖一价差较大的基金，往往意味着套利难度加大，成功概率降低。

3. 限购额度

部分热门LOF基金可能会设置购买限额，了解并合理利用这些限购政策，可以提升套利策略的灵活性和成功率。在无限额申购的情况下，面对溢价套利机会，投资者需警惕大量资金涌入可能导致的溢价迅速消失，从而增加套利失败的风险。同时，对于限制大额申购的基金，其每日申购限额可能成为套利操作中的天然屏障，减少竞争，提高套利成功概率。比如一些投资境外市场的QDII，由于外汇额度紧缺，会限制每日的申购额度，有些限额低的只有100元，很多"金融大鳄"看不上这点钱，因此套利的总资金量就不会太大，不至于发生踩踏，这样套利成功的概率就很高，积少成多，也能赚不少钱。

4. 交易速度

在针对高溢价（溢价率超过10%）且不限购的LOF基金进行套利时，交易速度成了决定胜负的关键因素。由于这类基金可能吸引大量投资者竞相套利，导致交易瞬间变得异常拥堵，因此，要想成功"抢跑"，投资者必须确保自己的券商交易系统具备极快的响应速度和极高的执行效率。资金实力雄厚的投资者可以考虑申请开通独立交易单元。独立交易单元通常能提供专属和更为高速的交易通道，减少交易延迟，提升交易成功率，但相应地，也需要投资者缴纳一定的费用。此外，对于资金量适中或希望降低成本的投资者而言，市场上也存在一些多人共用的免费高速交易通道。这些通道虽然共享资源，但在特定条件下（如资产达到一定规模）仍能提供较快的交易速度。投资者可以根据自己的实际情况和需求，咨询自己的客户经理，申请适合自己的交易通道。

查询基金份额

掌握基金份额的实时变动情况是每位投资者在参与LOF基金套利时不可或缺的一环。通过监测基金份额的变化，我们能够直观地了解有多少套利同行也在进行类似的套利操作。具体而言，若基金份额新增较少，可能意味着参与套利的人数有限，市场竞争相对缓和；反之，若基金份额新增显著，则表明套利活动频繁，市场竞争激烈。

为了及时获取这些信息，投资者可以利用交易所官方网站提供的便捷查询功能。上交所的基金份额，查询路径为：主页—数据—基金数据—基金规模。深交所的基金份额，查询路径为：市场数据—产品目录—基金—LOF基金列表。值得注意的是，两大交易所公布基金份额数据的时间存在差异，上交所一般会在交易日的晚间公布清算后的最新份额数据；而深交所则通常在交易日早晨八点左右发布上一个交易日日终的份额数据，确保投资者能在开盘前获取最新的市场情况。投资者可以根据自身需求和交易习惯，合理安排查询时间，以便及时、准确地掌握市场动态。

第四节　何为一拖七

初识LOF套利的朋友经常会听到"拖拉机""一拖七"等名词。这是什么意思呢？"拖拉机"一词在基金套利领域并非字面意义上的农业工具，而是形象地比喻投资者利用多个账户进行统一管理和操作，如同拖拉机牵引多个农具进行耕作一样，有效地提升了投资规模和灵活性。"一拖七"是"拖拉机"策略中的一种具体实现方式，它特指利用一个身份证名下的多个证券账户进行基金申购。

按照规定，一个身份证名下可以开立3个沪A账户、3个深A账户、3个上海封基账户、3个深圳封基账户。

以深市账户为例，把3个深A账户和3个深圳封基账户统一加挂到一家券商名下，就叫"一拖六"。除了上述6个账户外，每个身份证还可以拥有一个场外基金账户，用于跨市场或跨平台的基金交易。将这个场外基金账户也纳入管理体系，就构成了完整的"一拖七"体系。具体开通流程，各家券商有所不同，大家可以咨询自己的客户经理。

当遇到如印度基金LOF（164824）这类存在溢价套利机会但有申购限额的LOF基金时，"一拖七"策略便能大显身手。由于每个账户都可以独立进行申购，且每个账户都能达到申购上限（如100元），因此通过7个账户可以总计申购700元，相比单一账户的100元，申购额度增长了6倍，从而能够赚取更多的套利收益。

第五节　案例解析之一：招商双债LOF

招商双债LOF，全称招商双债增强债券型证券投资基金，场内交易代码为161716，自2015年成立以来，已成为一只备受瞩目的场内交易债券型LOF基金，资产规模已突破百亿元大关，说明市场对其非常认可。优秀的债基很多，但同时满足场内交易、流动性好、有套利的空间三个条件的债基屈指可数，招商双债就是其中一只。

深入分析招商双债的市场表现，我们不难发现，其场内价格走势稳健，年度基金净值涨幅持续为正，充分证明了其投资策略的有效性和管理团队的专业实力，这也为我们开展套利操作提供了足够的安全垫。

早在2020年初，我是全国首批发现招商双债套利机会并付诸实践的投资者。这并非虚言夸大，事实上，通过查询首批参与套利的新增份额数据，可以清晰地看到，绝大部分新增份额均源自我的账户，足

第四章　LOF基金套利：昔日辉煌与实战精髓

以说明，我是全国首批参与招商双债套利的投资者。彼时，首批套利尝试者寥寥可数，总申购份额仅数百万元，尚属小众范畴。

表 4-1　招商双债业绩表现（%）

年份	净值涨幅	年份	净值涨幅
2014	16.27	2020	3.19
2015	5.42	2021	6.33
2016	6.1	2022	1.98
2017	2.69	2023	5.42
2018	9.3	2024年前三季度	2.93
2019	6.36		

随后，同年3月，我首次在微信公众号上分享了这一套利机会，引发了同行套利党的广泛关注。随着众多知名大V相继转发与深入解读，套利风潮迅速席卷开来，套利参与者的数量与规模急剧膨胀，每日套利交易的份额量飙升至千万元级别。这股套利热潮不仅极大地激发了市场活力，也直接推动了招商双债场内份额的飞跃式增长，从初期的五千余万元迅速膨胀至近八亿元。

当时，很多投资者都喜欢做股票型LOF基金的套利，但债券型LOF基金就没那么热门。因为债券型LOF基金的折溢价通常都很小，就算有些套利高手用专门的模型盯着，也经常会因为溢价太低而把它们排除。大多数人会因为这么小的溢价，判断套利可能赚不到什么钱，所以就不太关注。那么，我是如何敏锐地发现招商双债的套利机会的呢？

首先，我一直密切关注债券市场和债券基金。回顾2019年，债券市场整体表现出色，而招商双债更是在此背景下展现出了非凡的实力。尽管在此之前，招商双债的规模始终保持着相对平稳的状态，在2019年初，其总规模仅略高于3亿元，然而，凭借优秀的业绩表现，到了年底，招商双债的规模已攀升至近50亿元。

其次，一个关键的事件触动了我对招商双债的深入探究——其发布的限购公告。2020年1月4日，招商双债宣布调整大额申购及转换转入业务的限额，从原先的50万元大幅下调至5000元。这一突如其来的限购政策，在我看来，不仅是对市场热情的理性调控，更是套利机会显现的信号。限购额的急剧降低，无疑抬高了市场进入门槛，为套利操作提供了更为广阔的空间，使得成功套利的可能性大增。

最后，我始终保持着阅读基金公告的良好习惯。我每天都会在巨潮资讯网的基金信息披露专栏中仔细浏览每一条LOF基金发布的公告。这一行为看似琐碎，但总能在不经意间挖掘可能的投资机会。

套利招商双债到底能取得多大收益？我进行了一番详细测算。依据招商双债在2020年1月6日实施大额申购限制后的实际交易数据，我发现尽管每日的溢价率并不显著，平均开盘溢价率仅约为0.17%，但这一微小的溢价空间却足以成为我们实施套利策略的有效基础。

设想一下，如果我们从第一天起便介入套利操作，并运用"一拖六"账户策略，那么，在1月6日和1月7日这两天，我们就可以分别申购总计6万元的招商双债份额。到了1月8日，首批套利份额即可到账

第四章 LOF基金套利：昔日辉煌与实战精髓

并卖出，所得资金随即可再次投入新一轮的招商双债申购套利中，形成资金的循环使用与套利。

表4-2的最后三列，我基于一系列前提假设计算了可能的盈利情况。这些假设包括：所有申购操作均享受一折佣金优惠（原佣金率为0.8%，折后仅为0.08%），买卖交易佣金则设定为万分之一。在此基础上，我分别计算了以当日开盘价、最高价及最低价卖出招商双债所能获得的收益，时间跨度覆盖了整个一月份和二月份。

让我们来具体看看这两个月内通过套利策略能取得怎样的收益。在这两个月里，招商双债的净值稳步增长，达到了1.94%的增幅，年化收益率则为11.63%。然而，若我们采取了套利操作，并假设在每日开盘时即无脑卖出，那么初始的6万元资金在短短两个月内便能实现1881.61元的盈利，绝对收益率为3.14%，年化收益率则高达18.82%。假如我们更幸运的话，能够在每日以最高价卖出，那么盈利将升至3474.21元，绝对收益率提升至5.79%，年化收益率更是惊人地达到了34.74%。

这样的收益表现，无疑是非常亮眼的。而且，值得注意的是，如果我们将场外账户也纳入考虑范围，通过"一拖七"的操作模式，收益率还将有进一步的提升空间。事实上，当年我个人在操作招商双债时，年化收益率就稳定在了大约25%的水平。更为有趣的是，这次套利经历还启发我探索出了一系列新的套利策略，旨在更精准地把握招商双债的卖出高点。目前仍有不少投资者在做着类似的操作。

表 4-2 招商双债交易数据

单位：元

日期	开盘价	最高价	最低价	单位净值	溢价率（开盘）	溢价率（最高）	溢价率（最低）	盈利（开盘）	盈利（最高）	盈利（最低）
2020-01-06	1.2920	1.2930	1.2910	1.2900	0.16%	0.23%	0.08%			
2020-01-07	1.2930	1.2940	1.2920	1.2900	0.23%	0.31%	0.16%			
2020-01-08	1.2940	1.2960	1.2930	1.2900	0.31%	0.47%	0.23%	66.01	112.52	42.76
2020-01-09	1.2950	1.2980	1.2950	1.2910	0.31%	0.54%	0.31%	89.27	159.03	89.27
2020-01-10	1.2960	1.3030	1.2960	1.2920	0.31%	0.85%	0.31%	112.52	275.30	112.52
2020-01-13	1.2980	1.3040	1.2980	1.2930	0.39%	0.85%	0.39%	135.65	275.06	135.65
2020-01-14	1.3010	1.3050	1.3010	1.2930	0.62%	0.93%	0.62%	181.96	274.83	181.96
2020-01-15	1.3020	1.3030	1.3010	1.2930	0.70%	0.77%	0.62%	181.80	205.00	158.60
2020-01-16	1.3000	1.3020	1.2960	1.2930	0.54%	0.70%	0.23%	135.40	181.80	42.60
2020-01-17	1.2950	1.2980	1.2940	1.2940	0.15%	0.39%	0.08%	19.40	89.00	-3.80
2020-01-20	1.2950	1.2950	1.2940	1.2950	0.00%	0.08%	0.00%	19.40	19.40	-3.80
2020-01-21	1.2960	1.2960	1.2940	1.2950	0.08%	0.08%	-0.08%	19.40	42.60	-3.80
2020-01-22	1.2970	1.2970	1.2950	1.2950	0.15%	0.15%	0.00%	19.36	42.54	-3.82
2020-01-23	1.2960	1.2980	1.2960	1.2950	0.08%	0.23%	0.08%	-3.84	42.49	-3.84
2020-02-03	1.2950	1.2970	1.2800	1.3010	-0.46%	-0.31%	-1.61%	-27.00	19.33	-374.46
2020-02-04	1.2980	1.3020	1.2980	1.3020	-0.31%	0.00%	-0.31%	42.49	135.15	42.49
2020-02-05	1.3020	1.3060	1.3020	1.3030	-0.08%	0.23%	-0.08%	-3.94	88.28	-3.94

续表

日期	开盘价	最高价	最低价	单位净值	溢价率（开盘）	溢价率（最高）	溢价率（最低）	盈利（开盘）	盈利（最高）	盈利（最低）
2020-02-06	1.3060	1.3080	1.3050	1.3030	0.23%	0.38%	0.15%	65.16	111.24	42.12
2020-02-07	1.3070	1.3080	1.3060	1.3040	0.23%	0.31%	0.15%	65.09	88.11	42.06
2020-02-10	1.3070	1.3080	1.3060	1.3050	0.15%	0.23%	0.08%	65.09	88.11	42.06
2020-02-11	1.3080	1.3080	1.3070	1.3060	0.15%	0.15%	0.08%	65.02	65.02	42.01
2020-02-12	1.3080	1.3090	1.3070	1.3080	0.00%	0.08%	-0.08%	41.96	64.94	18.97
2020-02-13	1.3090	1.3110	1.3090	1.3080	0.08%	0.23%	0.08%	41.91	87.84	41.91
2020-02-14	1.3110	1.3130	1.3100	1.3090	0.15%	0.31%	0.08%	41.80	87.67	18.87
2020-02-17	1.3130	1.3150	1.3120	1.3100	0.23%	0.38%	0.15%	87.67	133.53	64.73
2020-02-18	1.3140	1.3150	1.3130	1.3110	0.23%	0.31%	0.15%	87.58	110.50	64.66
2020-02-19	1.3140	1.3150	1.3130	1.3110	0.23%	0.31%	0.15%	64.59	87.49	41.70
2020-02-20	1.3140	1.3150	1.3130	1.3130	0.08%	0.15%	0.00%	41.64	64.52	18.76
2020-02-21	1.3150	1.3160	1.3140	1.3130	0.15%	0.23%	0.08%	64.52	87.41	41.64
2020-02-24	1.3150	1.3160	1.3150	1.3150	0.00%	0.08%	0.00%	18.69	41.54	18.69
2020-02-25	1.3160	1.3170	1.3150	1.3150	0.08%	0.15%	0.00%	41.54	64.38	18.69
2020-02-26	1.3160	1.3190	1.3160	1.3150	0.08%	0.30%	0.08%	-4.19	64.25	-4.19
2020-02-27	1.3180	1.3200	1.3170	1.3160	0.15%	0.30%	0.08%	41.43	87.06	18.62
2020-02-28	1.3190	1.3240	1.3180	1.3150	0.30%	0.68%	0.23%	64.25	178.30	41.43
合计								1881.61	3474.21	981.14

第六节　案例解析之二：标普信息科技 LOF

2024年6月4日，易方达基金公司发布《标普信息科技指数证券投资基金（LOF）A类人民币份额恢复申购及定期定额投资业务并暂停大额申购业务的公告》，决定自2024年6月5日起该基金（161128）A类人民币份额恢复申购及定期定额投资业务并暂停大额申购业务，具体情况为：单日单个基金账户在全部销售机构累计申购（含定期定额投资，下同）该基金A类人民币份额的金额不超过100元（含）。

很多投资者为之沸腾，因为161128的溢价率普遍保持在6%左右，如果申购了100元卖出，在不考虑交易费用的前提下，单个账户约能盈利6元，"一拖七"账户单日最多盈利40多元。这次的套利机会一直持续到2024年7月10日，自此之后，由于外汇额度紧缺，易方达基金暂停了该基金的申购业务。

整个套利持续一个月左右时间，一个身份证可以盈利1000多元。除此之外，还有印度基金LOF（164824）、原油LOF易方达（161129）、黄金主题LOF（161116）等基金经常会出现这种类似的机会。

第七节　案例解析之三：美元债 LOF

美元债LOF（501300）也是限购100元，但是和前文的标普信息科技LOF（161128）还不太一样。

时间进入2024年，美元利率持续处于高位，普通的美元货币基金都能提供约4%的年化收益率，而投资美国国债的基金，其收益率更是能达到5%左右。正巧国内有一些基金主要投向美国国债市场，都取得了不错的收益。市场普遍预期，随着美国降息政策的推进，美国国债价格有望进一步攀升。正是基于这样的市场环境和预期，美元债LOF——这款在场内交易中唯一专注于美债投资的基金，吸引了众多投资者的目光，其溢价现象也由此而生。

值得注意的是，501300虽然限购100元，但投资者只能通过场外渠道申购，无法通过场内直接申购。这意味着，一些常用的投资策略，如"一拖六"等，在这里并不适用。

场外申购渠道有很多，包括支付宝、天天基金网，都可以一折申购，此外，券商也有场外申购的渠道。申购之后需要转托管，才能在场内卖出。对于通过券商场外渠道申购并计划转托管的投资者而言，务必提前建立好场内外账户的关联关系，以免因操作不当导致转托管失败。

还有一点值得一提，501300隶属于海富通基金旗下，但该基金的官方网站并未开通直接申购渠道。我投资基金很多年,第一次看到自家官方渠道不能申购自家基金的。

第八节 案例解析之四:长持的基金

很多投资者倾向于长期持有某些主题基金或指数基金,作为资产配置的一部分。不管是看好这些基金,还是因为套牢被迫长期持有,投资者都不应该消极被动。因为只要能够精准评估基金价值,利用折溢价进行套利便成了一个低风险策略,可以增厚持仓收益,或者减少持仓亏损。以市场上曾经热门的兴全、东方红系列基金,以及曾风靡一时的酒类LOF、沪深300LOF、中药基金等为例,不少投资者长期持有这些基金,在2021年前收获了可观的回报,但随着后面净值的大幅波动,他们通过巧妙地运用折溢价套利机制,有效减轻了损失。

具体而言,当基金出现溢价时,投资者可迅速卖出手中持仓,并同时申购等额的该基金份额,以此实现无风险套利,即在不承担额外市场风险的前提下,锁定利润。

需要强调的是,对基金价值的准确评估是这一策略成功的关键。对于部分股票型基金而言,由于持仓信息披露的不完整性或时滞性,估值可能存在一定的偏差。因此,在进行折溢价套利时,需预留较大的安全边际,以确保套利行为的稳健性。

相比之下,指数型基金因其紧密跟踪特定指数的特性,估值误差相对较小。此外,指数基金通常享有较为优惠的申购赎回费率,这进一步降低了套利的成本。在此情况下，只要折溢价幅度超过手续费成本，投资者即可实施套利操作，从而进一步优化投资组合的表现。

第九节　案例解析之五：
2024年9月的极端套利行情

2024年9月末股市大涨催生的套利行情，与以往都不一样。正因为与以往的行情都不一样，这里我就不谈技术，只谈经验。LOF套利本身原理很简单，但是想做成功，很多时候也要靠经验、靠悟性。有的标的就能套，有的就不行；有的标的溢价很高，套利党一来，就会一字跌停，有的反而就不会，即使跌停，也能打开，这些都要靠经验才能慢慢学会。结合我以往的套利以及本阶段的实战，我总结了六点经验分享给读者：

第一，怎么找套利标的呢？前面说过，我主要依靠的是集思录，上面有个LOF基金专版，可以看到溢价水平。但是集思录上的标的并非很全，还有个补救的App，我常用的是腾讯自选股。要注意上面的折溢价并非实时估值的，而是用的上一个交易日的净值，所以对于溢价我们要再次分辨一下，是不是真实的溢价。大家也可以使用Wind或Choice软件，批量导出数据到Excel，结合持仓，对基金进行估值，以此计算溢价率水平。

第二，找到了标的怎么选择呢？先看溢价高的、封死涨停的，这种优先选。再看标的名称是不是热点，像并购重组LOF（161123），就属于概念类，"韭菜"喜欢瞎炒作，那我们就申购。其他类似的还有金融科技LOF等，都是热点概念，可以重点关注。

第三，有做市商的LOF基金，不是考虑重点。比如501060和501061，前者申购费率1.5%，后者申购费率0，很多人为了便宜申购的是后者，我其实不太赞同。这两只ETF都有做市商，我观察了几天的行情，501061的价格一直被做市商向下打压。大家也不要怪他们，做市商大都用的是程序单，是没有感情的，溢价高了自然会卖出。而且做市商卖掉持仓之后，还会继续申购，这样就会和投资者形成对赌关系。当然，我并不是说这类套利一定会失败，只是性价比不是那么高。

第四，重点关注指数LOF基金套利。这一拨行情先是指数行情，比如中证500的几个LOF，批量大涨，主要是因为上交所宕机导致沪指低估，那么几个中证500指数肯定也低估，毫无疑问，去申购这几个LOF，性价比很高。如果想获取无风险套利机会，也有办法，这个时候期指升水，做空期指，同时场外申购中证500，等待价差收敛，获利了结。要注意的是，需要在场外申购中证500，因为场内的价格都涨停了，根本买不到，而且也不能买，场内都是溢价的，做无风险套利就要去场外按照净值申购。

第五，有些溢价很高的，会不会一字跌停？这个需要具体情况具体分析，像并购重组LOF，我基本卖在了高价。如果溢价高的LOF基金没有停牌，我一般先挂跌停单，然后看集合竞价情况。如果能打开跌停或者有打开的迹象，我会在9点20分前撤单。如果停牌一个小时，十点半复盘怎么办？这个时候，就看不到集合竞价，我会观察当天套利份额新增情况，评估当下的市场热度、新增的份额大小、成交情况等，综合判断会不会一字跌停，或者跌停是否会打开，然后再作出相应的决策。

并购重组LOF（161123）的行情是从9月24日开始启动的，当天并购重组LOF场内价格上涨9.88%，集思录显示溢价6.89%。对于这个行情，大家还很犹豫，所以在这个价格套利的人不是很多。第一拨申购的份额26日到账，而26日的时候，161123场内价格涨停为1.238元，申购的成本是0.957元，盈利29.36%。

9月25日，161123继续涨停，当天溢价14.5%。这个时候，毫无疑问，不要迟疑，一定要申购了，申购成本0.982元，这些份额9月27日到账，场内价格1.305元，盈利32.89%。

9月26日，161123继续涨停，当天溢价21.4%，继续申购，申购成本1.0196元，这些份额在9月30日到账，按照收盘价格1.374元，盈利34.76%。

这个收益率其实和投机北交所差不多。北交所今天买，明天涨30%，那你就赚30%，LOF基金要多一个交易日。很多人会说LOF基金没有成交量，可是要知道，在特殊的市场情况下，大家都在投机，到底是北交所风险大，还是LOF风险大？LOF基金毕竟有溢价率作为安全垫。

第六，适时关注折价套利行情。有些LOF基金涨跌幅限制为10%，但是持仓的个股有科创板和创业板股票，这就会导致一种情

91

况，就是净值涨幅已经超过10%，但是场内价格只能上涨10%，从而出现折价套利机会。这拨行情中就出现了多只折价的LOF基金，不少折价幅度超过3%，如果买入立即赎回的话，扣除1.5%的申购费，依然有得赚。不过大家要注意，上海的LOF基金买入后当天可以赎回，而深圳的LOF基金要次日才能赎回，需要承担一天的净值波动风险。

此外，这次行情也催生了多只散户可以操作的ETF套利，留待下一章讲解。

第五章

ETF 套利：散户也能玩转

第五章　ETF 套利：散户也能玩转

终于到了难啃的硬骨头了！在实践中，我观察到许多朋友对于ETF的理解仍然停留在表面，对其复杂的交易机制和多样化的投资策略缺乏深入了解。更为普遍的是，尽管众多投资者早已涉足ETF投资领域，并探索出如轮动、网格、定投等多种交易策略，但对于ETF套利这一高阶策略却如同雾里看花，难以把握其精髓。

提及ETF套利，不少人可能心生畏惧，认为它要么过于复杂，交易机制难以理解，充斥着众多专业术语，让人如坠云雾；要么以为资金门槛过高，常常需要百万元级别的申购额度，似乎只有大户才能涉足，与小散无关；要么则认为ETF套利机会难得，难以通过此途径实现盈利。

然而，实际上ETF套利并非遥不可及。它同样蕴含着散户投资者可以探索的机遇与策略。

本章，我们就将揭开ETF套利的神秘面纱，为您呈现一系列散户也能尝试的套利策略。我们将从ETF的基本概念出发，逐步深入到其独特的交易机制，再进一步探讨如何利用ETF市场价格与净值之间的差异套利。

第一节　什么是 ETF？

基本概念

ETF，即交易型开放式指数证券投资基金（Exchange Traded Fund），简称"交易型开放式指数基金"，又称"交易所交易基金"。

ETF是一种跟踪"标的指数"变化且在证券交易所上市交易的基金。投资人可以如买卖股票那么简单地去买卖"标的指数"的ETF，获得与该指数基本相同的收益率。

ETF是一种特殊的开放基金，既吸收了封闭式基金可以当日实时交易的优点，投资者可以像买卖封闭式基金或者股票一样，在二级市场买卖ETF份额；同时，ETF也具备了开放式基金可自由申购赎回的优点，投资者可以通过基金管理公司申购或赎回ETF份额。

ETF的基金资产为一篮子股票组合，组合中的股票种类与某一特定指数包含的成分股股票相同，股票数量比例与该指数的成分股构成比例一致。换句话说，指数不变，ETF的股票组合不变；指数调整，ETF投资组合也要相应调整。

以上为上交所官方网站对ETF的定义，由此可见ETF具有交易型、开放式、指数基金三个特点。交易型，即表明ETF可以像股票一样在证券账户内买卖交易。开放式，是指投资者可以申购赎回ETF，ETF的份额会随时变化。指数基金，是指ETF跟踪的标的是指数。

市场概况

目前ETF根据投资标的资产类型或运作模式不同，分为股票ETF、债券ETF、跨境ETF、商品ETF、货币ETF。我们在第二章对货币ETF有过详细的介绍，本章不再赘述。

国内ETF市场的发展已有20年之久，截至2024年6月末，其市场规模已突破2.5万亿元大关。回顾这段发展历程，ETF市场最初以单一的宽基股票产品为起点，随后逐步拓展至债券、商品、跨境ETF等多元化产品领域。与当前主动权益基金发展态势的低迷形成鲜明对比，ETF市场正迎来一个快速发展的窗口期。近年来，权益市场波动加剧，盈利效应显著减弱，投资者逐渐认识到ETF的长期稳健价值，无论是主动选择还是市场推动，又或者被迫转向，ETF都日益受到青睐。展望未来，政府鼓励发展耐心资本、养老资金等长期资金，而长期资金进入股市的主要入口很可能就是ETF。

2024年春节前后，股市出现异常波动，市场情绪陷入悲观。为了稳定市场，"国家队"选择通过增持ETF来间接影响市场走势，其中增持最多的就是沪深300ETF。ETF以其成本低、透明度高、流动性强等特点，成为一种理想的投资工具。通过增持ETF，"国家队"不仅避免了直接持有单一股票带来的风险，还实现了投资的分散化，有效降低了组合的波动性风险。据统计，中央汇金公司在2024年第二季度对华泰柏瑞沪深300ETF、易方达沪深300ETF、嘉实沪深300ETF和华夏沪深300ETF等多只宽基ETF进行了增持，合计增持金额超过240亿元。

回顾我的投资历程，前几年套利的主战场在LOF基金领域。然而，随着ETF市场规模的不断扩大以及LOF基金市场的逐渐萎缩，我开始将研究领域转向ETF。可以预见的是，随着市场需求的不断变化和投资者偏好的日益多样化，ETF产品创新将持续加速，更多创新产品将不断涌现，这将使ETF领域的投资机会更多。

不同于 LOF 的特殊交易机制

投资者主要通过认购、申购赎回以及交易（买卖）三大环节参与 ETF 投资。

1. 认购

认购是指投资者在基金初始发行时购买基金份额的行为，主要包括三种方式：

（1）网上现金认购。投资者通过基金管理人指定的发售代理机构，采用证券交易所网上系统以现金进行认购。

（2）网下现金认购。与购买开放式基金类似，一般是在营业网点线下认购，投资者需要填写申购表，并提交给证券公司。散户投资者一般不会用到这种认购方式。

（3）网下股票认购。投资者以指定的标的证券向基金公司换取 ETF 份额。认购的股票必须是对应指数成分股和已公告的备选成分股。单只股票最低认购申报股数一般为 1000 股。

值得注意的是，ETF 认购时通常需缴纳一定的认购费，且随着认购金额的增加，费率往往有优惠。

2. 申购赎回

ETF 上市后，会开放申购与赎回。ETF 的申购赎回机制是其与 LOF 最为显著的区别之一。ETF 采用"一篮子股票换份额，份额换一篮子股票"的模式，即投资者需以一篮子股票为对价进行ETF份额的申购，赎回时则获得相应的一篮子股票。这种机制确保了ETF与标的指数的高度一致性，同时也为投资者提供了灵活的资产配置工具。值得注意的是，ETF的申购赎回单位通常较大，如100万份或200万份，或者更高，适合机构投资者或大额投资者。

为方便投资者操作，许多券商都设立了ETF专区，在里面可以开展ETF的申购与赎回操作，也有些券商把ETF申购专区归到场内基金板块，在里面不仅可以申购赎回LOF基金，也可以申购赎回ETF。更进一步地，一些具有雄厚技术实力的券商，更是推出了专属的ETF申购赎回软件，该软件不仅界面友好、操作简便，还内置了常规的ETF套利策略，为专业投资者及有需求的散户提供了强大的技术支持。读者只需向自己的客户经理咨询并申请，即可获得这一高效的投资工具。然而，值得注意的是，也有部分小型券商由于自身条件的限制，尚未开发全面的ETF申购赎回功能，因此无法进行ETF的申购赎回操作。投资者在选择券商时，需要仔细甄别，确保所选券商能够提供完整的ETF交易服务。

3. 交易（买卖）

交易是我们经常见到的操作，可以像买卖股票一样，在二级市场买卖ETF。ETF的行情展示、委托方式等均与股票相同，方便投资者熟练操作。

第二节　参与 ETF 套利的必备技能

熟知套利机制的核心原理

ETF作为一种特殊的金融产品，其独特之处在于它横跨一级市场（基金管理公司或指定交易商）与二级市场（证券交易所）两大领域。在一级市场，ETF通过申购与赎回机制与投资者交换一篮子股票组合；而在二级市场，ETF则如同普通股票可以自由买卖。正是这种跨市场的特性，加之两个市场交易机制与价格形成机制的差异，导致了ETF净值与其市场价格之间可能存在的价差现象，即溢价或折价。

具体而言，当ETF在二级市场的交易价格大于其基金份额的参考净值（IOPV，即基金份额净值估算值）时，溢价套利空间随之显现。此时，精明的投资者会迅速行动，在二级市场购入与ETF相对应的一篮子成分股，随后利用这些股票在一级市场申购ETF份额。完成申购后，投资者会立即将这些新获得的ETF份额在二级市场上高价抛售，从而锁定并获取由价差带来的收益。

相反，当ETF在二级市场的交易价格低于其基金份额的参考净值时，折价套利的机会便产生了。投资者先在二级市场低价买入ETF份额，随后将这些份额在一级市场赎回为一篮子股票组合，之后，他们会在二级市场上分批或集中卖出这些股票。由于赎回时获得的股票组合总价值高于ETF的初始购买成本，因此投资者能够成功获取套利收益。

第五章　ETF套利：散户也能玩转

尽管套利原理看似简单直接，但ETF市场的高效运作使得明显的折溢价机会变得极为罕见。市场上不乏专门从事ETF套利的机构，它们借助高度自动化的交易系统，交易速度远超散户，几乎能在瞬间将折溢价空间抹平。因此，对于普通散户投资者而言，试图通过ETF套利直接获利无疑非常困难，往往需要另辟蹊径，寻找更适合自己的投资策略与机会。2024年9月末的股市大涨就带来了难得一遇的ETF套利机会。

一定要看懂申购赎回清单

参与ETF套利的投资者，一定要看懂申购赎回清单（见图5-1）。

ETF申赎清单，即ETF的申购赎回清单（Portfolio Composition File，简称PCF清单），是由基金管理人编制的，用以公告申购对价、赎回对价等信息的文件。这份清单在ETF的申购和赎回过程中扮演着至关重要的角色，为投资者提供了明确的操作指南。

ETF申赎清单通常包含以下四部分内容：

第一，基本信息，包括ETF的名称、代码、基金管理人等，这是投资者识别ETF产品的基本依据。"最新公告日期"明确说明该申赎清单适用的交易日，确保投资者在正确的时间进行申购赎回操作。

第二，上一交易日信息（图5-1中"2024-07-16信息内容"），包括现金差额，最小申购、赎回单位资产净值，基金份额净值。

图 5-1　上证 50ETF 申购赎回清单

最小申购、赎回单位，指该基金申购份额、赎回份额的最低数量，投资人申购或赎回的基金份额数应为最小申购、赎回单位的整数倍。

现金差额的概念比较重要，指最小申购、赎回单位的资产净值与按当日标的ETF份额净值及/或按当日成分券收盘价计算的最小申购、赎回单位中的组合证券市值和现金替代之差；投资人申购或赎回时应支付或应获得的现金差额根据最小申购、赎回单位对应的现金差额、申购或赎回的基金份额数计算。

这个现金差额的概念比较拗口，大家可以这样理解：由于ETF净值和其追踪的标的指数并非完全一致，总会有一些误差，比如有些ETF只有99%而非100%的仓位投资标的指数股票，拿股票来换ETF时，会有一些误差，这些误差体现为现金差额。现金差额有正有负，所以申购ETF的时候，有可能会让自己补交一些现金差额的资金。

现金差额的数值可能为正、为负或者为0。在投资人申购时，如现金差额为正数，则投资人应根据其申购的基金份额支付相应的现金；如现金差额为负数，则投资人将根据其申购的基金份额获得相应的现金。在投资人赎回时，如现金差额为正数，则投资人将根据其赎回的基金份额获得相应的现金；如现金差额为负数，则投资人应根据其赎回的基金份额支付相应的现金。

第三，下一个交易日的信息内容（图5-1中"2024-07-17信息内容"），主要包括预估现金部分，现金替代比例上限，是否需要公布IOPV，最小申购、赎回单位，申购、赎回的允许情况，当日累计申购份额上限，当日累计赎回份额上限等内容。

预估现金部分，指为便于计算基金份额参考净值及申购、赎回代理券商预先冻结申请申购、赎回的投资者的相应资金，由基金管理人计算并公布的现金数额。

现金替代，指申购或赎回过程中，投资人按基金合同和招募说明书的规定，用于替代组合证券中全部或部分证券的一定数量的现金。

IOPV，即基金份额参考净值，指交易所在交易时间内根据基金管理人提供的申购、赎回清单和组合证券内各只证券的实时成交数据计算并发布的基金份额参考净值。我们可以把IOPV理解成ETF的实时单位净值估算值。

第四，成分股信息内容。这里有几个概念要了解，现金替代标志，包括三种类型，分别是禁止现金替代（禁止）、可以现金替代（允许）、必须现金替代（必须）。禁止现金替代，指在申购、赎回该ETF时，该成分证券不允许使用现金，必须使用股票；可以现金替代，指允许使用现金作为成分证券股的替代；必须现金替代，是指在申购、赎回ETF时，该成分证券必须使用现金作为替代。

现金替代溢价比例，是指在使用现金替代机制时，基金公司向申购者收取的额外费用，以补偿基金经理在后续购买替代股票时可能面临的市场风险和交易成本。如果预先收取的金额高于基金经理购入该证券的实际成本，基金公司会退还多收取的差额；反之，如果预先收取的金额低于基金经理购入该证券的实际成本，投资者需要补交差额。在跨境ETF套利时，应特别注意退补款的交收情况。

投资者申购ETF基金份额时，需要按基金合同和招募说明书的规定，交付一篮子的组合证券、现金替代、现金差额及其他对价，从而获得相应的ETF基金份额；投资者赎回ETF基金份额时，基金管理人按基金合同和招募说明书的规定，交付赎回人相应的一篮子组合证券、现金替代、现金差额及其他对价。

最后，我们还要了解申购、赎回代理券商的概念，是指基金管理人指定的办理该基金申购、赎回业务的证券公司，又称为代办证券公司。有些投资者发现自己的券商无法申购或赎回ETF，很可能是因为该券商并非该ETF的指定代办证券公司。

第三节　适合散户的套利策略

在ETF的初创及发展阶段，市场中确实存在很多套利机会。然而，随着ETF市场规模的持续扩大以及市场主体的日益完善，尤其是机构投资者在交易中的主导地位日益凸显，套利空间逐渐被压缩，特别是普通股票ETF的折溢价套利机会变得愈发稀缺。尽管如此，大家也别着急，因为市场中仍会不时出现适合散户投资者的套利机会。重点在于，我们应提前了解并掌握这些套利机会的原理，以便在机会来临时能够果断出手，把握机遇。

新发 ETF 认购套利

前文我们已经提到过，在募集期内购买ETF被称为认购，而认购

低风险 套利实战

ETF主要有三种方式：网下现金认购、网上现金认购以及网下股票认购。其中，网下股票认购ETF就为我们提供了一种潜在的套利机会。

每当ETF首发时，基金公司都会发布一份《基金份额发售公告》。这份公告是标准制式文件，内容涵盖了本次基金募集的基本情况、发售方式以及认购程序等重要信息。我们需要特别关注其中关于网下股票认购的相关内容。

在进行网下股票认购时，投资者应以单只股票的股数进行申报，并使用A股账户进行认购。用于认购的股票必须是标的指数的成分股或已公告的备选成分股。单只股票的最低认购申报股数为1000股，超过1000股的部分必须是100股的整数倍。投资者可以多次提交认购申请，且累计申报的股数没有上限。

通过网下股票认购ETF时，也会收取一定的认购费。一般来说，如果认购金额达到100万元以上，将收取固定的认购费（例如1000元）；而如果认购金额低于100万元，则按照认购金额的一定比例收取认购费。

通过现金认购ETF的方式，确定认购份额相对简单。因为新发基金的发行价格通常都是1元，所以投资者只需将扣除认购费用后的金额除以认购价格，即可得到最终获得的份额。

那么，通过网下股票认购ETF能获得多少份额呢？掌握了这个答案，就等同于掌握了套利的核心。一般来说，我们会以ETF认购期最后一天的成分股为基准，计算当天成分股的均价。然后，用这个均价乘以换购股票的数量，再扣除认购费后，除以认购价格，就可以得到我们获得的认购份额。

为了更直观地理解,我们可以看一个例子。这个例子是从某基金的招募说明书上摘抄下来的:

某投资者持有本基金指数成分股中股票A和股票B各10,000股和20,000股,至某发售代理机构网点认购本基金,选择以现金支付认购佣金。假设T日股票A和股票B的均价分别为16.50元和3.50元,基金管理人确认的有效认购数量为10,000股股票A和20,000股股票B,发售代理机构确认的佣金比例为0.8%,则其可得到的基金份额和需支付的认购佣金如下:

认购份额=(10000×16.50)÷1.00+(20000×3.50)÷1.00=235000份

认购佣金=235000×0.8%=1880元

即投资者可认购到235,000份本基金基金份额,并需另行支付1880元的认购佣金。

那么如何套利呢?

我们知道,股票价格每天都在波动,而我们每天看到的股票价格就是实时交易价格。其实,股票还有个均价的概念,均价就是当天成交额除以成交量。股票均价会跟随实时价格波动,两者方向一致,但并不完全相同,偶尔会出现偏差。当出现这种偏差时,就是套利的机会。

比如我们刚才讲的例子,假设股票A的均价为16.5元,如果我们在16元买入该股并换购ETF,虽然我们的买入成本是16元,但我们可

低风险 套利实战

以按照16.5元的价格去换购ETF。这之间的溢价，即（16.5÷16-1）×100%=3.125%，就是我们赚取的溢价空间。

那么，一般什么时候会出现认购套利机会呢？当实时股价低于均价，且偏离较大时（折价大），我们可以考虑买入股票，然后以该股票换购ETF。不过要注意的是，我们买入股票后，股票可能会继续下跌。如果均价跌到我们的买入价以下，那么套利就会失败。因此，在进行套利操作时，我们需要预留一定的折价空间以确保安全。

认购套利案例

2024年9月上中旬，市场依旧低迷，在监管的大力推动下，10家基金公司发行了总计200亿元规模的中证A500ETF。作为套利党，我们不讨论指数的优劣。在当时的环境下，能够发行成功，各家基金公司也是使出了浑身解数。有些券商会给申购的客户佣金优惠，又或者现金补贴，有些高的补贴可以达到1.5%左右。

假如能拿到这个补贴，同时10只ETF有3只发行方式包括网下股票认购，在网下股票认购的最后一天，500只股票里面，总能找几只市价低于均价的。假如这个价差达到2%，我们可以买入股票，同时网下认购该ETF，扣除0.8%的认购佣金，在该ETF上市前，我们已经获得的溢价收益就是2.7%（1.5%+2%-0.8%）。只要该ETF上市的时候，跌幅不超过2.7%，这笔套利就是赚钱的。

ETF 事件套利

ETF事件套利是指投资者在ETF标的指数成分股因重大事件而出现价格波动时，利用ETF在一级市场和二级市场的价格差异，以及ETF的申购、赎回机制，进行套利操作以获取利润的策略。

具体而言，当某只股票因重大事件而停牌，预计复牌后股价将大幅上涨，或者预期某股票将连续涨停而无法直接买入时，如果某ETF的标的股份中包含该股票，并且该股票的现金替代标志为被允许，投资者可以选择买入ETF并同时赎回，从而获得一篮子股票。随后，投资者可以将除该股票之外的其他股票卖出，仅保留该股票，这相当于间接实现了对该股票的买入。

反之，如果投资者预计某只股票将连续跌停，且不幸已持有该股票而无法在二级市场上卖出，如果该股票恰好是某只ETF的成分股，投资者可以购买其他成分股，然后用这一篮子股票申购ETF并同时卖出，这样便相当于提前卖出了该股票，从而规避了进一步的损失。

事件套利案例

2024年9月末就出现了大量类似的套利机会。由于上交所宕机，大量沪市股票无法买入，结果深交所股票大涨，一些投资沪深市场的ETF也受到市场追捧。一般来说，ETF市价相较于IOPV值不会有太大折溢价的，但是当天却是特别奇葩的行情，一些指数ETF普遍大幅度折价或者溢价，折溢价水平实际已经失真！

很明显，沪市涨幅低估。这个时候，我们可以初步判断，如果

ETF实际市价低于实际估值，那么可以买入ETF，然后赎回，获得股票卖出。虽然当天无法卖出沪市股票，但次一交易日卖出，所获收益更高。

相反，如果我们看到的数据是ETF溢价，这个时候就要当心，很多套利大佬就在此栽了跟头。因为ETF溢价并非真实的溢价，表面溢价，实际可能是折价。比如上交所宕机这天，这时如果能买到所有的股票去换购ETF，然后卖出，自然套利成功。但是当天的沪市股票根本无法买入，因此通过买券—申购来套利的机制已经失效。这时只能通过现金替代的方式去申购ETF套利，然而现金替代相当于把钱交给基金经理去买券，大家都买不到沪市股票，基金经理自然也买不到，那么当日就无法补券，基金经理只能次日补券。很明显，次日补券的成本肯定更高，这样的话，这笔套利的成本实际并不低，很有可能偷鸡不成蚀把米。

不过市场疯狂的时候，总会有些如漏网之鱼的套利机会，比如某挂钩商品期货的ETF，也突然大涨，实际上当日期货市场并无太大波动，"韭菜"把该ETF当作股票ETF来炒作了，这时候的溢价水平就非常真实，若发现该机会，可以义无反顾地申购套利。

第四节　大放异彩的跨境 ETF

自2021年以来，A股市场持续低迷，赚钱难度明显加大，无论采取何种策略或投资哪个行业或选择哪个热门赛道，赚钱都很困难。相比之下，若在这两年间投资美股市场，又或者印度市场，即便缺乏深入分析，也很难亏损。我们常说，投资时应避免将所有鸡蛋放入一个篮子，这里的"篮子"不仅指某一只股票，整个A股市场也可视为一个篮子。我们应从国际化视角出发，将资产配置到多个市场。在此背景下，QDII基金进入了我们的视野。

跨境 ETF 应运而生

QDII基金是在一国境内设立，专门从事境外证券市场股票、债券等有价证券投资的证券投资基金。它允许境内投资者通过购买这类基金，间接投资于境外资本市场，从而分享海外投资收益。跨境ETF作为QDII基金的一种，以境外资本市场指数为跟踪标的，并在国内证券交易所上市。

跨境ETF实行T+0回转交易制度，即当日买入当日即可卖出，投资者在一天之内可进行多次交易。因此，我们看到一些跨境ETF的每日换手率可能会远远超过100%。例如，2024年7月18日，沙特ETF（159329）的场内总规模仅为8.29亿元，但当日成交额却高达71.12亿元，换手率高达858%。

2024年以来，跨境ETF表现抢眼，成为众多投资者追逐的焦点。其交易活跃度显著提升，整体市场规模也实现了大幅增长，成为投资者布局全球资产的重要工具。以纳指科技ETF为例，凭借其精准跟踪美股科技板块的表现，年内净值涨幅超过30%，位居市场前列。同时，投资于日本市场的日经225ETF、韩国市场的KOSPI200ETF等

也均实现了不俗的业绩，平均涨幅超过10%。（数据截至2024年7月末）

跨境ETF之所以表现出色，一方面得益于全球经济格局的变化以及投资者对多元化资产配置需求的增加。随着美元利率的波动和全球产业链的转移与重构，投资者越来越意识到单一市场投资的风险，因此纷纷寻求通过跨境ETF来实现资产的全球布局。另一方面，由于A股市场赚钱难度加大，为了寻求更多盈利的可能性，投资者也将目光投向了境外市场。

随着跨境ETF市场的不断发展，越来越多的基金公司开始积极布局这一领域。多家基金公司推出了新的跨境ETF产品，涵盖了科技、消费、医疗等多个热门行业。这些新产品的推出不仅丰富了跨境ETF市场的产品线，也为投资者提供了更多的选择。

跨境ETF涉及外汇额度管理，投资者在申购时使用的是人民币，而基金公司则需将人民币兑换为外币，以便在境外购买相应的标的资产。然而，基金公司的外汇额度有限，这导致在投资者热情高涨的情况下，部分热门的跨境ETF产品出现了供不应求的局面。这种供需失衡直接推高了ETF二级市场的交易价格，使其相对于基金净值产生了明显溢价。

以表现突出的纳斯达克100ETF和日经225ETF为例，由于投资者对美股和日股看好，大量资金涌入这些跨境ETF产品，导致二级市场的交易价格远高于基金净值。据统计，部分跨境ETF的溢价率甚至一度攀升至40%以上，这无疑给投资者带来了额外的投资风险。又如

2024年7月16日，在沪深两市上市的沙特ETF，连续两天涨停，第三天亦大幅波动，换手率最高时超过800%，溢价率也一度突破30%。

面对这一情况，多家基金公司纷纷采取措施，试图平抑溢价。一方面，它们发布了溢价风险提示公告，提醒投资者注意二级市场交易价格的溢价风险；另一方面，部分基金公司还提高了ETF的申购上限，以增加市场供给，缓解供需矛盾。然而，由于QDII额度紧缺的根本问题仍未得到解决，这些措施的效果相对有限，溢价现象依然存在。

跨境ETF套利的关键点

作为低风险投资者，我并不鼓励直接参与高溢价跨境ETF的场内买卖交易。毕竟，过高的溢价蕴藏着极大的风险，而溢价迟早会被市场抹平，因此没有必要进行这样的冒险。不过，从套利的角度来看，跨境ETF确实具有一定的吸引力，值得投资者关注和考虑。但前提是，投资者需要充分了解市场动态，制定合理的投资策略，并密切关注溢价风险。

跨境ETF之所以便于套利，关键在于其采用的RTGS（Real Time Gross Settlement，实时逐笔全额交收）模式。作为一种高效的结算方式，RTGS被应用于跨境ETF的现金申购流程中。这意味着在满足特定条件的前提下，投资者下达现金申购委托后，申购份额可以实时到账，供其卖出或赎回。这一机制的实施，显著提升了跨境ETF的交易效率和流动性。具体流程如下：投资者下达跨境ETF的现金申购委托，若所在券商已接入RTGS系统，且投资者的备付金账户资金充足并实时勾单，中国结算公司将实时进行申购份额的交收。份额实时到账后，投资者即可在二级市场上进行卖出或赎回操作。

跨境ETF套利的关键要点可总结如下：

跨境ETF支持T+0交易，当日买入当日即可卖出，当日买入的份额，当日也可以赎回。允许全现金申购，且申购成功后份额实时到账，但前提是券商需支持RTGS模式，通常主流大券商都会提供支持。跨境ETF套利原理和操作流程相对简单，但由于外汇额度经常紧张，申购高溢价的跨境ETF成功与否主要取决于运气。

值得注意的是，近年来，一些跨境ETF长期存在溢价现象，并且每日申购额度有限，导致每天能成功申购的投资者数量极少，因此长期存在套利机会。以纳指科技ETF（159509）为例，其每天限额仅有几百万份，每天只有少数幸运儿能申购到份额。由于投资者的热烈追捧，买入量极大，以至于几百万元的套利金额根本无法有效降低溢价率。投资者热烈追捧纳指科技ETF的背景是纳斯达克指数的长期上涨趋势。实际上，不仅指数上涨能带来套利机会，有时候指数过快下跌也可能创造套利机会。例如，前几年中概股大幅下跌，一些在港股和美股上市的中概股持续走低，国内投资中概股的ETF也随之大幅下跌。但由于A股、美股和港股的交易时差，有时显示的溢折率并不准确。存在一种情况，即场内显示折价，而实际上处于溢价状态，这时也可以进行溢价套利。不过，这种操作需要对底层资产有清晰的认知和判断，大家了解这一点即可。

套利小技巧与案例解析

对于持续溢价且限额的跨境ETF，为增加申购成功的概率，投资者可尝试以下小技巧：

如有条件，可以申请交易通道。若无交易通道，可尝试使用券商提供的快速交易系统。若上述条件均不满足，可尝试在系统开放申购的第一时间挂单。跨境ETF申购不允许隔夜委托，但投资者可在当天八点半至九点之间挂单，通过测试最早挂单时间来增加成交概率。对于盘中突然拉升的跨境ETF，投资者需眼疾手快，及时做出判断和交易决策，这需要盯盘和敏锐的市场洞察力。

我们以亚太精选ETF（159687）为例，来探讨跨境ETF套利的实际操作。如图5-2所示，从2024年7月4日开始，亚太精选ETF的价格连续大幅上涨，吸引了众多游资、牛散以及套利者的积极参与。在7月4日至10日期间，其价格持续攀升，最高成交额更是达到了惊人的19亿元，要知道，亚太精选ETF的场内规模也就大约3亿元。由于溢价较高，许多拥有申购通道的大户都纷纷申购套利，而一般散户则很难抢到份额。

7月10日，亚太精选ETF的价格触及了短期高点，随后连续三天出现回落。这三天的下跌使得部分套利者选择退出，申购通道也不像之前那么拥挤了。尽管如此，亚太精选ETF的溢价率仍然保持在5%以上。

由于申购限额的存在，份额依然难以抢到。然而，我有幸在7月12日成功抢到了一个申购篮子。当天的申购篮子最小单位为10万份，门槛相对较低，即使是小散户也有条件申购。当天的申购总限额为4000万份，总共有400个篮子，规模还算可以，溢价率在5%以上。即使考虑汇率成本或其他摩擦成本，这个溢价也依然值得去尝试套利。

图 5-2 亚太精选 ETF（159687）K 线图

表 5-1 亚太精选 ETF（159687）申赎信息

2024年7月12日信息内容	
预估现金差额（元）	1,711.71
最小申购、赎回单位（份）	100,000.00

续表

2024年7月12日信息内容	
T日最小申购赎回单位分红金额（元）	无
现金替代比例上限	100
申购赎回组合证券只数	2
是否需要公布IOPV	是
是否允许申购	是
是否允许赎回	是
当天累计可申购的基金份额上限	40,000,000
当天累计可赎回的基金份额上限	30,000,000

图5-3是我申购成功的交易截图，需要注意的是，显示的成交价格并非真正的成交价，申购的实际扣款金额为现金替代，会按照比净值高一些的价格冻结申购资金。接下来，我们来计算一下具体的盈利情况。我在7月12日进行申购，实际冻结的资金为137947.33元。7月18日，现金差额划出，为1678.88元，这些都是我付出的成本。我卖出的均价为1.355元，扣除佣金后，所得为135486.45元。7月19日晚上，退补款到账，为9016.39元。那么盈利为：

135486.45+9016.39-1678.88-137947.33=4876.63元。

实际收益率约为3.5%，而在进行套利操作时，溢价率虽显示超过5%，但实际盈利却比预期低一至两个百分点。这表明，在进行套利时，必须充分考虑各种额外成本。汇率的变动是其中一个因素，而基金经理购买证券的成本也是不可忽视的一环。由于基金经理购买证券的具体成本难以准确确定，因此，在进行套利操作时，我们应预留足够的利润空间以应对这些不确定性。否则，即便表面看似存在溢价机会，也可能因过高的磨损成本而最终导致亏损。

成交时间：	2024-07-12 00:00:00
委托类别：	ETF申购
证券名称：	亚太精选ETF
证券代码：	159687
成交价格(元)：	1.271
成交数量：	100000
成交总额(元)：	0.00
发生总额(元)：	0.00
佣金(元)：	0.00
过户费(元)：	0.00
印花税(元)：	0.00
附加费(元)：	0.00
结算费(元)：	0.00
其他费(元)：	0.00

图 5-3　亚太精选 ETF（159687）申购情况

套利注意事项

随着全球经济一体化的深入和投资者对多元化资产配置需求的增加，跨境ETF市场有望继续保持强劲增长。同时，随着监管政策的完善和市场运行机制的成熟，跨境ETF将为投资者提供更加便捷、高效的投资渠道，助力投资者在全球实现财富增值。现在跨境ETF的种类很多，涉及美国、欧洲、东南亚、中东、日本等诸多经济体。投资者完全可以通过分散投资不同地区的跨境ETF来实现资产的多元化配置，降低单一市场的风险；同时，利用市场轮动的机会，当某个地区的股市表现强劲时，适当增加该地区的跨境ETF配置，以获取更高的回报。

如果只是出于套利的目的，跨境ETF相较于普通的股票ETF而言，确实提供了更多的机会。普通的股票ETF交易效率极高，因此很难出现明显的折溢价机会。然而，跨境ETF由于受到外汇额度的限制，其溢价机会相对较多。一般来说，折价套利的机会相对较少，而且折价赎回的资金到账时间也比较漫长。对于溢价套利，尽管申购存在限额，但投资者们可以一同排队等候，这样总有机会捡到"漏网之鱼"。而且，这并不需要付出太高的成本。如果幸运地抢到一两次这样的机会，所获得的收益也是相当可观的。因此，从套利的角度来看，跨境ETF无疑是一个更具吸引力的选择。

然而，投资者也应当清醒地认识到，跨境ETF套利并非毫无风险，尤其是汇率风险不容忽视。由于海外市场通常以外币计价，而投资者在申购时使用的是本币，这就构成了一个潜在的汇率风险点。一旦外币升值，投资者的实际投资成本就会相应增加，从而降低了溢价套利成功的概率。除此之外，跟踪误差、交易时间差异以及结算模式的不同等因素，也都可能进一步增加套利的风险。因此，在进行跨境

ETF套利操作时，投资者应当为溢价率留出足够的空间，以此作为降低风险的一种有效手段。

第五节　债券 ETF 也有捡漏的套利机会

债券 ETF 的基本概念和特点

债券ETF是指以债券类指数为跟踪标的的交易型开放式指数基金，通过复制跟踪某一选定的目标债券指数，依据构成指数的成分债券和其成分比例，采取特定的复制方法，来跟踪目标指数的表现，追求跟踪误差和偏离度的最小化。

债券ETF可以在证券交易所上市交易，投资者既可以在一级市场以组合证券来申购、赎回债券ETF份额，也可以在二级市场买卖债券ETF份额。此外，债券ETF还可以分为单市场实物债券ETF和现金债券ETF，前者所跟踪的债券指数的成分证券为特定市场（如上交所或者深交所）上市的债券，投资者使用债券组合进行申购和赎回；后者则跟踪债券指数，投资者使用全额现金进行申购和赎回。套利党应重点关注实物债券ETF。

根据标的范围的不同，债券ETF可以分为多种类型，主要包括国债ETF、信用债ETF、地方债ETF、城投债ETF等。此外，还可以根据债券的种类和特性进一步细分，如政金债ETF、短融债ETF、可转债ETF和公司债ETF等。

债券ETF本身风险较低，适合作为低风险投资者的一类资产配置。它具备两方面的优势：一方面，投资者可以赚取票息收益，且持有债券ETF的时间越长，票息收益会逐步累积；另一方面，在利率下行周期中，债券ETF还能为投资者带来价差收益。以30年国债ETF（511090）为例，该基金主要投资于长久期的国债，由于利率持续下行，2024年上半年其涨幅高达9.85%，业绩表现非常亮眼。

市场现状：初级阶段但潜力巨大

然而，与股票ETF相比，债券ETF市场的发展仍处于初级阶段。中国是全球仅次于美国的第二大债券市场，但是很遗憾，投资债券市场的债券ETF仍处于发展的初级阶段，这不仅体现在总体规模偏小、种类有限上，还表现在部分债券ETF的交易清淡、流动性差。截至2024年6月末，上交所和深交所分别仅有15只和5只债券ETF。这主要是债券ETF的底层资产特性所致——许多债券交易活跃度低，甚至可能全天无交易，且债券具有到期时间，导致债券ETF的样本需要频繁更新。并非所有债券都具备良好的流动性，这也进一步影响了债券ETF的交易活跃度。

债券市场具有低波动性，交易门槛都是千万元级别，散户一方面交易资金少，另一方面，天生爱炒股，看不上债券收益，这就导致债券ETF的玩家主要是机构。即便是机构玩家，有时候还嫌贫爱富，大多数机构都在银行间市场交易债券，交易所债券市场规模很小，那点交易量相对于整个债市大盘子实在是微不足道。不过，随着债券市场的不断发展和完善，我认为这种现象会有很大改观，债券ETF市场将迎来显著的改善和增长。

债券和债券 ETF

债券和债券ETF实际上是有很大区别的，我们一定要搞清楚两者的差异。

首先，关于到期日，债券具有一个固定且不变的到期日。如果投资者一直持有债券至到期，他们将在到期日收到本金，随后该债券即被视为注销。相比之下，债券ETF并不会到期。其所谓的"到期期限"实际上是其投资组合中所有债券期限的加权平均数。为了保持这个期限的恒定，基金公司会不断地进行债券的买卖操作。

从收益来源上看，债券的主要收益来自其票面利率，即一个固定的年化收益率，且通常每半年支付一次利息。当然，利率的波动也会影响债券的账面市值。而债券ETF的收益则主要来源于债券价格的波动。例如，如果我们持有上证10年期国债交易型开放式指数证券投资基金，那么该债券ETF会不断地买入最接近10年期限的国债品种，并卖出期限不足的债券。由于其久期基本保持稳定，因此持有该债券ETF的主要收益来源就是利率下行所带来的价差收益。由此可见，在利率上行时，债券ETF是有亏损的风险的，而持有债券则可以通过持有至到期来扛过短期的价格波动。

债券 ETF 的申赎

债券ETF作为一种独特的投资工具，不仅风险相对较低，适合低风险投资者，其申购、赎回机制也与股票ETF、跨境ETF存在一些差异。接下来，我们将重点探讨债券ETF的实物申购、赎回机制。

投资者在申购债券ETF时，需要准备指定的一篮子债券，并以此为交换获得相应的ETF份额。同样地，当投资者选择赎回债券ETF时，他们并不会收到现金，而是会获得一篮子债券。如果投资者希望将这些债券变现，就需要卖出这些债券来实现。

值得注意的是，实物债券ETF的申购、赎回效率非常高。投资者在当日申购后，ETF份额会实时到账，这意味着他们可以即刻卖出这些份额。同样地，当日赎回时，投资者也会实时获得一篮子债券，并有权选择即刻卖出，从而快速实现资金的回笼。

这种高效的申购赎回机制为投资者提供了极大的便利和灵活性。他们可以根据市场的变化和自己的投资需求，随时调整债券ETF的持仓，而无须担心资金的流动性问题。

套利交易实操细节

接下来我们将深入探讨债券ETF的套利策略，在此之前，有些细节问题要先交代清楚。许多书籍在阐述套利原理时往往十分清晰，但实际操作时，投资者却可能遇到各种预料之外的问题。这很大程度上可能是因为作者本人并未实际进行过套利操作，所以无法预见所有实际操作中的复杂情况。而本书则致力于为读者提供详尽的实操指南。

（1）关于债券交易，有一个重要的细节需要注意：债券的面值通常为100元，而在交易所买卖时，最低交易单位（一手）为1000张，即面值10万元。特别地，买入时不支持挂散单，即不能一张两张地购买，最低就是1000张。然而，如果投资者手中持有散张的债券，是可以一次性卖出的。这一点非常重要，因为有些债券ETF的申购篮子中的成分债券数量并非整数，如果ETF存在溢价，想要套利的话，投资者可能需要购买更多的债券来申购ETF，每只标的成分债券至少需要购买10万元面值以上，但是申购ETF的时候却用不了这么多，这无疑会增加投资者的成本。

（2）在交易国债之前，投资者还应该关注交易费率的问题。一般来说，国债交易费率可以设置成百万分之一，也就是说买100万元只收1元钱佣金。这样的费率设置对于大额交易的投资者来说是非常有利的。另外债券ETF的交易费率，也可以尽量设置低一些，很多券商对ETF实行一样的费率，也有些灵活的券商，会针对不同的ETF，设置差异化的交易费率。我们交易国债ETF套利，起步金额都是大几十万元，假如是100万元的话，万一的费率也有100元了。因为国债的交易费率可以设置得很低，我们可以寻找一些券商，要求它们对国债ETF也实行更低的费率，毕竟国债的溢折率空间都很低，我们只有缩减成本，套利成功的概率才更大。

（3）在选择债券ETF进行套利时，投资者需要谨慎选择流动性好的标的。这不仅仅要求ETF本身具有良好的流动性，还要求其底层资产的债券也具备较好的流动性。有些公司债或者城投债的ETF由于底层资产流动性差，根本无法进行有效的套利操作。例如，如果某个公司债ETF出现折价，投资者买入并赎回后，可能会发现账户中出现了几十只公司债，都是奇怪的代码，根本卖不出去。套利不成，反被套。

（4）此外，投资者还需要注意债券和债券ETF的交易时间差异。债券的交易时间为9:25—11:30和13:00—15:30，而债券ETF的交易时间与A股交易时间一致，为9:25—11:30和13:00—15:00。这意味着债券的交易时间比债券ETF长半个小时。这多出来的半小时交易时间有时候也会带来套利机会。例如，在三点后债券ETF已经不交易了，但是国债还在交易所交易。如果此时国债价格大跌，投资者可以在尾盘买入一些，然后第二天申购ETF。由于ETF开盘时可能还未完全消化昨天收盘后的债市波动影响，因此投资者有机会捡到"漏"。

介绍了上面的细节，我们可以关注几种常见的且适合散户的债券ETF的套利机会。

套利策略一：网下债券认购套利

与常规的股票ETF认购模式相似，债券ETF的认购也分为三种：网上现金认购、网下现金认购以及网下债券认购。以博时上证30年期国债ETF（511130）为例，通过查阅其招募说明书，我们发现该债券ETF支持网下债券认购。在此模式下，投资者需以单只债券进行申报，且用于认购的债券必须是上证30年期国债指数的成分券或已公告的备选成分券，具体以发售公告为准。单只债券的最低认购申报数为1手（人民币1000元面值），超过1手的部分须为1手的整数倍。投资者可多次提交认购申请，且累计申报数不设上限。

网下债券认购的份额计算方式如下：首先，确定该债券在网下债券认购期最后一日的价值；然后，将此价值与有效认购数量的乘积除以基金份额的发售面值。

其中，"最后一日的价值"这一概念至关重要。根据511130的招募说明书，"最后一日的价值"是指该债券在当日的估值净价加上债券过户日前的应计利息。基金合同规定，募集的债券自认购日至登记机构进行债券过户日的期间所产生的权益归投资人本人所有，也就是说在冻结期间的应计利息都会给投资者，而估值净价的计算则直接影响套利是否成功。债券估值有多种方法，常见的有中债估值、中证估值、上清所估值和CFETS估值。尽管交易所内债券的价格波动可能较大，但实际估值通常不会有太大变化。因此，即使ETF投资了价格波动较大的债券，也不会对ETF的净值产生显著影响。就像之前上市的30年期特别国债，上市当天上涨20%，尽管交易所内价格波动这么大，但是在实际估值上，是没太大变化的。

具体采取哪种估值方法，投资者可以致电基金公司，这样就可以知道大概的估值模式以及净值的波动方向和幅度。在网下认购的最后一天，一般来说，假如债券大跌，交易所内的债券波动会更加明显。假如交易所内价格下跌之后，实际价格低于实际估值，这个时候我们可以买入该债券，同时认购债券ETF。

这里面的价差加上冻结期间的利息收入，扣除交易费用和认购费用，就是我们额外可以赚到的溢价收益。只要债券ETF上市的跌幅不超过这个区间，就能保证盈利。

套利策略二：跨市场套利

这种套利策略其实是不适合散户操作的，不过有些小型私募开通了上证固收交易平台交易权限，因此，一些资金量大的个人投资者也可以间接参与交易。为了拓宽大家的思路，我还是简要介绍一下这里的套利思路。

因为债券在银行间市场和交易所市场长期存在分割，两者的交易机制和流动性差异显著，所以，这两个市场之间经常会出现明显的价格差异。以30年国债ETF为例，当其成分券在银行间市场的价格低于交易所价格时，投资者可以在银行间市场买入成分券，然后转托管至交易所，申购30年国债ETF并卖出获利。当然，投资者也可以直接卖出成分券，但这要取决于国债的流动性。反之，如果成分券在交易所的价格低于银行间市场价格，投资者可以买入国债ETF，赎回获得国债，然后将国债转托管至银行间市场并卖出获利。

虽然这个流程看似简单，原理也不复杂，但实际操作的人却很少。我曾向一位从事债券交易的朋友请教，他告诉我，交易所一只国债一天的交易量顶多一两亿元，而银行间市场的交易规模动辄百亿甚至千亿元。由于两个市场的交易规模完全不在一个数量级，因此很少有交易员会看得上这点套利收益。

然而，实际情况可能并不像我朋友想的那么悲观。之前我去券商柜面办理国债转托管时，曾听到柜面人员说，有一个机构客户曾将在交易所的债券托管至银行间市场。我思考了一下，这也有可能是基于套利因素才进行的转托管操作。而且据说机构进行跨系统转托管操作是有绿色通道的，一般当天就可以转托管成功，个人投资者就没这种优势了，一般都是T+1或者T+2日才能转托管成功。

很多人参与固收平台，是为了买卖垃圾债（或者Q债），其实也可以交易国债，不妨多开拓下思路。

套利策略三：一二级市场套利

鉴于大部分城投债ETF和信用债ETF的流动性较差，我们暂不考虑将它们作为套利对象。以流动性较好的国债ETF为例，当二级市场的价格高于其净值时，即处于溢价状态，此时可以买入一篮子成分券，申购国债ETF，并同时卖出。相反，当二级市场价格低于其净值时，则可以买入国债ETF，同时赎回获得成分券，并将这些成分券卖出。

尽管原理看似简单，但实际操作国债ETF套利却存在一定难度。大部分国债ETF并不公布IOPV数值，这使得我们无法直接获取实时的溢折率数据。我们只能根据持仓情况自行计算净值。此外，国债ETF都是通过成分券来模拟国债指数，这种模拟很难达到百分之百的准确。有些国债ETF的模拟误差较大，表现为预估现金部分的波动较大，这降低了套利成功的概率。对于国债ETF而言，由于其本身的溢折率就很小，因此现金误差的估算准确与否以及误差的大小，对于套利是否成功至关重要。我们需要选择那些现金预估误差较小的ETF来套利。

以鹏扬中债-30年期国债ETF（511090）为例，2024年7月26日，当天30年期国债大幅上涨，但511090的涨幅稍小。我测算出511090存在折价套利机会，当时估算的一个篮子交易预计盈利800多元。于是我买入511090，并同时赎回。赎回所得的成分券包括2000张23国债23（019726）和9000张24特国01（019742）。然而，实际操作下来，盈利并没有达到预期的800多元。7月26日的申购赎回清单显示，最小申购赎回单位的预估现金部分为8844.37元，但7月29日的申购赎回清单显示，现金差额为9152.22元。这其中的差额（307.85元）是我还需要付出的成本，需要从盈利中扣除。再扣除100多元的交易佣金后，实际盈利400多元。

套利策略四：期现套利

国债ETF期现套利基于一价定律，即同一资产在不同市场上的价格应当趋于一致。当国债ETF与国债期货之间的价格出现偏差（基差），且这种偏差超过交易成本时，就存在套利机会。投资者可以通过买入相对低估的资产并卖出相对高估的资产，等待价格收敛时平仓，从而获取无风险收益。

国债ETF期现套利主要分为正向基差套利和反向基差套利两种。

正向基差套利：当国债期货价格高于国债ETF现货价格时（基差为负），投资者可以买入国债ETF现货，同时卖空相应数量的国债期货合约。持有组合至到期日或基差收敛时，国债期货价格与国债ETF现货价格将趋于一致，此时平仓期货合约并卖出ETF现货，实现套利收益。

反向基差套利：当国债期货价格低于国债ETF现货价格时（基差为正），且国债ETF支持融券交易时，投资者可以融券卖空国债ETF现货，同时买入相应数量的国债期货合约。同样地，持有组合至到期日或基差收敛时，平仓期货合约并买入ETF现货还券，获取套利收益。需要注意的是，反向基差套利对ETF的融券条件有一定要求。

第六章
可转债套利：投资老手的智慧之选

第六章 可转债套利：投资老手的智慧之选

撰写本章时，我内心是有些忐忑的。我正式踏入可转债领域是在2018年，那时可转债市场并不景气，市面上关于可转债的书籍也极为稀缺，仅有安道全老师的《可转债投资魔法书》可供参考。为了学习可转债，我四处搜寻资料，付出了不少努力。尽管我入门并不算太晚，但这个领域里已经涌现出众多资深专家和大佬，他们中的许多人还撰写了关于可转债的专业书籍，比如饕餮海和定风波合著的《攻守》，我师妹阿秋写的《可转债投资黄金宝典》，都非常专业且耐读。除此之外，专注于可转债的微信公众号也是数不胜数，比如小卡叔的杂货铺、饕餮海投资、可转债策略研究等，这些都是业内的佼佼者，水平远超于我。如果读者希望进一步深入学习，不妨购买这些书籍阅读，或者关注一些相关的公众号。

第一节　进可攻退可守的可转债

可转债的特点

可转债全称为"可转换公司债券"，是一种特殊的债券。它赋予持有者在特定条件下将债券转换成公司股票的权利，简单来说，可转债就是债券持有人可按照发行时约定的价格（转股价）将债券转换成公司的普通股票的债券。如果债券持有人不想转换成股票，则可以继续持有债券，直到期满时收取本金和利息，或者在流通市场出售变现。

可转债实行T+0交易制度，意味着当天买入的债券当天即可卖出。此外，可转债的交易费率相对较低，且免征印花税，佣金费率可以设置为比股票更低。正是得益于这些交易制度上的优势，可转债市场的交易异常活跃。近年来，市场上涌现出不少表现抢眼的"妖债"，吸引游资、散户以及机构纷纷涌入，可转债因此开始受到广大投资者的广泛关注。

可转债兼具债券与股票的双重属性。其债券属性体现在，可转债到期时发行方需还本付息。在大多数情况下，只要不发生违约，即使市场价格下跌，跌到面值以下，就很难再跌了，这就是所谓的"下有保底"。同时，可转债还兼具股票属性，当对应的正股价格上涨时，可转债的价格也会随之上涨，呈现出"上不封顶"的特点。正是可转债这种"上不封顶，下有保底"的独特魅力，吸引了大量投资者的关注。

可转债的投资逻辑并非一成不变，它会随着时间以及市场行情的变化而调整。回顾前几年，可转债市场违约事件鲜有发生，即便市场行情不佳，可转债价格跌至80多、90多元也就差不多了，跌破面值的可转债数量相对较少。然而，近两年来市场环境发生了显著变化，一些可转债对应的正股遭遇退市，正股质地堪忧，可转债违约事件也随之出现，跌破面值的可转债数量明显增多。这表明，单一的投资策略很难确保在所有市场环境下都能稳操胜券。因此，我们需要掌握更多的投资逻辑，以灵活多变的策略应对市场的千变万化。

关于可转债的几个重要概念和条款

1. 转股价值

转股价值是指可转债转换成股票之后的价值。它是衡量可转债转股是否具有吸引力的重要指标，也是投资者决定是否转股的重要依据。计算公式为：

转股价值=可转债的正股价÷可转债的转股价×100

其中，"可转债的正股价"指的是可转债对应股票的市场价格，"可转债的转股价"则是可转债发行时约定的、投资者在转股时可以接受的每股股票的转换价格。转股价值以100为界限，当转股价值超过100时，意味着可转债转股后的价值高于可转债的面值；反之，如果转股价值低于100，则转股后的价值低于可转债的面值。转股价值越高，说明可转债转股后的潜在收益越大，对投资者的吸引力也越强。一般来说，当转股价值上升时，可转债的市场价格也有望随之上涨；反之亦然。

2. 可转债转股溢价率

可转债转股溢价率是指可转债市价相对于其转换后价值的溢价水平，是衡量可转债投资价值的一个重要指标。转股溢价率反映了投资者对可转债转换为股票后潜在增值机会的预期。

转股溢价率=（可转债价格−转股价值）÷转股价值×100%

对于投资者而言，转股溢价率是一个重要的参考指标，很多可转债的投资策略都是从转股溢价率这一指标延伸而来的。当转股溢价率为正时，意味着可转债的市场价格高于其转股价值，此时直接购买正股可能更为划算；当转股溢价率为负时，则意味着可转债的市场价格低于其转股价值，此时转股后卖出股票可能获得更高的收益。转股溢价率的高低也反映了市场情绪的变化。当市场情绪乐观时，投资者更愿意购买可转债以获取潜在的股票增值机会，从而导致转股溢价率上升；反之，当市场情绪悲观时，转股溢价率可能下降。

3. 纯债价值

纯债价值是指在进行可转债投资时，投资者预期可获得的现金流入的现值，它体现了可转债债券属性的价值。可转债纯债价值主要由可转债未来各期的利息收入以及到期时收回的本金贴现计算得出。具体计算公式为：

$$纯债价值 = 未来债券利息现值 + 到期本金现值$$

4. 转股条款

转股条款是可转债发行时的重要约定之一，它规定了投资者在特定条件下将可转债转换为发行公司普通股的具体条款。转股条款通常包含以下几个方面：

（1）转股期。转股期是指投资者可以选择将可转债转换为公司股票的时间窗口。一般来说，可转债的转股期从新债上市满6个月后开始，直至可转债到期或者公司实施强制赎回。在转股期内，投资者可以根据自己的判断和市场情况决定是否行使转股权。

（2）转股价。转股价是指投资者在将可转债转换为公司股票时需要支付的价格。这个价格是发行时约定的，并且在可转债存续期内可能会根据一定条件调整。较低的转股价意味着投资者可以以更低的价格获得公司股票，从而增加可转债的吸引力。

（3）转股比率。转股比率表示每张可转债可以转换成多少股公司股票。它通常以每100元面值的可转债所转换的股票数量来表示。转股比率与转股价密切相关，转股比率 = 可转债面值 / 转股价。较高的转股比率意味着每张可转债可以转换成更多的股票。

5. 回售条款

可转债回售条款是发行可转债时的一个附加条款，是可转债持有人享受的一项权利。它为投资者提供了一种在特定条件下将债券卖回给发行公司的权利，从而在一定程度上保护了投资者的利益。回售通常包括有条件回售条款和附加回售条款两种类型。有条件回售条款是最常见的回售类型，一般在可转债的最后两个计息年度生效。具体条件为：如果在这期间，公司股票在任意连续三十个交易日的收盘价低于转股价的70%，则可转债持有人有权将债券按照面值加上当期应计利息回售给上市公司。这种机制可以在一定程度上减少投资者因股价下跌而遭受的损失。

另外一种是附加回售条款，它规定如果发行人改变资金用途，即触发回售条件。上市公司变更可转债募集资金投资项目的，上市公司应该在股东大会通过决议后20个交易日内赋予可转债持有人一次回售的权利。这意味着如果公司没有按照原定的计划使用资金,投资者可以选择回售债券。这种条款为投资者提供了一种在发行人违约情况下的保护机制。

6. 赎回条款

赎回条款是指上市公司可以在债券到期日之前提前赎回债券的规定。赎回条款通常包括到期赎回和强制赎回两种情况。从过往案例来看,大部分可转债的退出是通过强制赎回实现的。

到期赎回是指在可转债约定的到期日,发行人将按债券面值的一定比例赎回未转股的可转债。这种方式类似于普通债券的到期还本付息,保证了投资者的基本收益。

强制赎回条款是投资者需要特别关注的,因为它直接关系到可转债的投资风险和收益。通常有两种触发强制赎回的情况:一是股价触发赎回条件,即在转股期内,如果公司股票在任何连续30个交易日中至少有15个交易日的收盘价格不低于当期转股价格的130%(含130%)。需要注意的是,"连续30个交易日"这一条件并不需要连续满足,只要在这30天内至少有15天满足收盘价条件即可。二是当可转债未转股余额不足一定金额(如3000万元)时,发行人也有权提前赎回剩余的可转债。这种情况通常发生在可转债大部分已经成功转股后,剩余未转股的可转债数量不足以支撑其继续在市场上交易。

投资者务必关注强制赎回的风险。可转债的强制赎回价格通常较低，一般等于面值加上当期利息，例如某可转债的强赎价可能为100.33元/张。然而，当可转债的市场价格远高于此赎回价格时，特别是对于一些溢价率高的可转债，其市场价格可能达到两三百元，如果投资者未在赎回前卖出或转股，将面临巨大的损失。一般情况下，上市公司发布强制赎回公告后，可转债价格以及正股价格通常会双双下跌。此时，可转债的溢价率会迅速下跌，甚至转为负值。如果投资者以高溢价买入可转债，当溢价率归零甚至为负时，将直接承受这部分溢价损失。对于溢价率过高的可转债，强制赎回公告后可能形成折价，吸引套利者转股。转股后可能会导致股价进一步下跌，进而可转债价格也下跌，增加投资者的损失。

7. 下修条款

下修是上市公司享有的一项权利，而非其必须履行的义务。所谓可转债下修，是指在正股价格持续低于预设阈值，导致可转债转股价值严重偏低的情况下，上市公司有权通过股东大会审议，并经相关监管机构批准后，下调原有的转股价。这一条款的主要目的在于促进转股、避免触发回售条款、帮助大股东持债解套等。通过下调转股价，可以提高可转债的转股价值，从而刺激投资者将债券转换为股票。这不仅有助于减轻公司还本付息的压力，还能提振市场对该公司股票的信心。

下修条款的触发条件通常包括：正股在连续一定交易日（如30个）的收盘价格均低于当前转股价格的某一比例（如85%）。一旦满足这一条件，公司即有权启动下修转股价格的程序。一般来说，修正后的转股价格应不低于特定日期前20个交易日内公司股票交易均价和前一交易日均价之间的较高者。同时，部分公司还可能规定，修正后的转股价格不得低于最近一期经审计的每股净资产值和股票面值，以确保下修条款的合理性和公平性。

第二节　可转债的投资策略

基于可转债的特殊条款，可以衍生出诸多投资策略，比如双低策略、高息策略、转债配售、下修博弈、折价套利等。很难有一种策略可以一直行之有效，随着行情的变化，不同的策略会有不同的优缺点。在实际操作中，深入理解可转债的各项条款及其背后的逻辑，结合正股的基本面与行业前景进行综合分析，将有助于投资者做出更为明智与适时的投资决策。下面介绍一些常规的套利策略，供读者参考。

折价转股套利

转股套利理论上可以取得套利收益，但是实践操作中会遇到各种各样的问题，使得投资者最终很难获取预期的收益，因此也经常被戏称为"一门亏钱的手艺"。然而，作为系统学习可转债套利知识的一部分，掌握转股套利这一策略仍然显得尤为重要。

可转债折价套利是指当可转债的市场交易价格低于其转股价值时，即转股溢价率为负数时，投资者买入可转债并转换成股票，然后以较高的市场价格卖出股票，从而获取两者之间的差价收益。这种策略的核心在于利用可转债的转股特性，在折价状态下买入并转股，实现套利。

折价套利策略成功与否，在很大程度上取决于正股未来的价格走势。若正股价格在未来出现大幅下跌，转股后的股票价值亦会随之降低，进而影响套利收益。实际上，当我们买入可转债并转股后，正股通常第二天才能到账，如果第二天股价下跌幅度过大，折价套利策略就会失败。

为了提升折价套利成功的概率，融券成了一个有效的手段。当某股票的可转债出现折价时，我们可以融券卖出该股票，同时买入可转债并转股。随后，将转换得到的股票用于归还融券，从而锁定折价率带来的利润。因此，折价套利能否成功，很大程度上取决于投资者的融券能力。如果没有融券辅助，只是单纯的"裸套"，从历史数据看，失败的概率很大。

双低策略

在探讨可转债双低策略之前，我想先强调一点：在我多年的投资生涯中，无论是进攻型策略还是保守型策略，我都未曾见过有哪一种策略能够在较长的时间范围内始终行之有效。市场的不确定性是最大的确定性，不存在一成不变的赚钱路径。可转债双低策略虽然曾风靡一时，但在特定的市场环境下，也有可能失效。

可转债双低策略深受低风险投资者的喜爱，其核心在于选择那些价格低且转股溢价率也低的可转债进行投资。这种策略巧妙地结合了可转债的债性和股性优势，旨在通过较低的买入成本和转股成本来获取可转债价格上涨和转股后的潜在收益。

要理解可转债双低策略，我们需要关注两个关键指标：可转债价格和转股溢价率。可转债的发行面值通常为100元，但上市后的价格会随市场行情波动。选择绝对价格较低的可转债，意味着投资者可以以较低的成本获得债券，并有可能以更低的价格转股。而转股溢价率则反映了当前可转债价格与其对应正股市场价格之间的价差关系。转股溢价率低，意味着以当前价格购买可转债并转换成股票的成本较低，可转债价格与正股股价的联动性更强，进攻性也更强。

实施双低策略时，投资者会根据可转债的价格和转股溢价率进行筛选，通常选择价格低于某一阈值（如110元）且转股溢价率也较低的可转债。为了量化这一选择标准，投资者可以计算可转债的双低值，例如双低值=可转债价格+转股溢价率×100。投资者还可以结合自身情况，调整参数或增加更多条款，以构建更适合自己的策略。

投资者可以结合自身投资偏好选择某一"双低"标准，然后将计算出的双低值从低到高进行排序，并选择排名靠前的可转债进行投资。可转债双低策略的优势在于其攻守兼备的特点。低价格赋予了可转债强大的债性和防御能力，而低溢价率则意味着其股性强，价格与股价联动紧密，进攻性良好。这使得可转债双低策略在市场环境较好时能够获取可观的潜在收益。

然而，投资者在实施可转债双低策略时也需要注意一些事项。首先，市场环境的变化可能对策略的有效性产生影响。在可转债市场熊市或正股市场表现不佳时，该策略可能难以获得预期收益。其次，投资者需要关注具体债券的基本面情况以规避风险，因为个别可转债仍存在违约等风险。因此，在实施可转债双低策略时，投资者需要保持谨慎，并根据市场情况灵活调整策略。

下修博弈套利

可转债下修博弈策略的核心在于利用可转债的下修转股价条款来获取潜在收益，如可转债正股在连续30个交易日中至少有15个交易日的收盘价格低于当期转股价的85%时，上市公司有权提出转股价格向下修正方案。这种策略带有一定的博弈性质，因为上市公司是否下修转股价以及下修的幅度都是不确定的。大多数可转债发生下修后，价格都会上涨，因此潜伏有可能下修的可转债会带来不错的收益。有些可转债价格很低，但是溢价率很高，很多投资者也会买入，可能就是为了博弈下修。

要实施可转债下修博弈策略，首先需要了解可转债的下修条款与条件。不同公司的下修条件可能有所不同，因此投资者需要仔细查阅可转债募集说明书中的相关条款。

在实施策略时，投资者需要筛选满足下修条件的可转债。除了筛选可转债外，投资者还需要分析公司下修转股价的可能性，不仅要了解公司的下修意愿，还要熟知可转债市场走势以及正股价格波动趋势等。如果预测公司可能会下修转股价，投资者可以提前买入可转债，等待下修公告发布后可转债价格的上涨。

然而，可转债下修博弈策略也存在一定的风险。首先，公司可能会因为各种原因不下修转股价或下修不到位。其次，可转债价格受正股价格和市场整体走势影响较大，市场波动也可能带来损失。

抢权配售

抢权配售策略的核心在于利用可转债发行时原股东享有的优先配售权。投资者在可转债发行的股权登记日或之前买入正股，成为公司股东，从而获得优先配售可转债的权利。待可转债上市后，投资者可以选择卖出可转债获利，同时根据市场情况决定是否继续持有或卖出正股。

如果正股收益加配债收益大于0，那么抢权配售就成功；反之，如果正股收益加配债收益小于0，那么抢权配售就失败。很多时候，上市公司发布可转债发行公告后，投资者争着抢权，正股会上涨，但是等配债结束后，正股经常出现大跌，最终是配到的可转债赚了钱，正股亏了钱，两者相抵，能不能盈利还真不好说。

一手党策略是可转债抢权配售策略的一种延伸，特指在沪市可转债配售中，投资者通过精确计算购买少量正股（通常不足一手股票），利用沪市可转债配售时"不足一手部分按精确算法取整"的规则，争取配售到一手可转债的投资策略。

沪市可转债以手为单位，每手10张，深市可转债以张为单位。只有沪市可转债存在一手配债。对于沪市股东配售可转债可认购数量不足1手的部分，按照精确算法原则取整。

比如某沪市转债，按照百元含权（100元股票可以配售到的可转债金额）比例大约361股可以配售10张。如果持有200股正股，应配售的数量为5.5张（200÷361×10），是不足一手的，但是按照取整规则，大概率可以配售到10张。一手党只能参与沪市，也就是代码11开头的可转债，如果含权高、发行规模小，还是值得参与的。相关的数据大家可以从集思录网站获取。

第七章

小众套利策略：
另辟蹊径的财富之路

第七章 小众套利策略：另辟蹊径的财富之路

除了一些广为人知的常规套利策略，市场中还隐藏着诸多小众且偏门的套利策略。这些策略往往聚焦于市场中的非典型价差或偶发的价格偏差。聪明的投资者通过精细的分析与操作，才能捕捉到稍纵即逝的盈利机会。

小众偏门套利策略之所以独特，是因为它们不拘泥于传统的市场逻辑和交易模式，而是深入挖掘市场微观结构、信息不对称、流动性差异等复杂因素。例如，利用不同交易所间交易品种的微小价差进行跨市场套利，或是针对特定行业、地区内因政策调整、供需失衡等导致的价格异常波动进行套利。本章主要介绍几个与A股还算密切相关的案例，希望对读者有所启发。

第一节 银行活动套利：薅羊毛的艺术

有一类投资者，几乎从不炒股，资金主要配置在存款、银行理财、货币基金上面。这类投资者善于薅羊毛，0.1个百分点的收益率，可能都要比价半天。对这类投资者来说，有个渠道可以大幅提升其收益率水平，那就是银行系搞的各类活动。我们举个例子，很多银行为了吸引和留住客户，时常会推出各种优惠活动，这些活动往往成为套利党们眼中的"大羊腿"，如果合理利用相关规则，可以取得不错的收益。我曾做过很多次类似的套利，基本可以取得年化10%以上的收益率。不过这样的机会很难持续出现，一旦被公布就容易引发大量套利党关注，本来是只"大羊腿"，没几天羊毛就薅干净了。

在此，我简要分享其中的一个案例。或许在未来，类似的机会还会出现，希望读者能够把握住。

以2023年12月18日某国有银行推出的年终活动为例，该银行推出"买基金送积分"的创新活动，旨在激励客户增加基金投资。活动规则简单明了：客户只需在该银行的理财平台上完成"分享基金持仓"的任务，并根据购买基金的不同金额档位（3千元、1万元、5万元、20万元、50万元、100万元），即可获得相应额度的支付券（30元、50元、60元、200元、700元、1000元）。值得注意的是，该活动还允许客户在满足更高档位条件后，叠加领取低档位的奖品，这一设计无疑大大提升了活动的吸引力。

精明的投资者会迅速计算出最优投资策略。以存入100万元为例，可一次性领取所有档位的支付券，总计2040元（30+50+60+200+700+1000），这相当于直接获得了0.2%的绝对收益。相较于传统银行存款的微薄利息，这样的收益无疑具有极大的吸引力。

当然最重要的是选择合适的基金，套利党一般会进一步筛选那些"三零"基金——零申购费、零赎回费且净值稳定零回撤的基金。选择这样的基金不仅降低了交易成本，还确保了资金的安全性。买入并持有七天后赎回，不仅能够确保获得支付券的奖励，还能有机会享受基金净值增长带来的额外收益。

整个套利过程虽然看似简单，但实际上需要投资者具备高度的时间管理能力和风险控制意识。一方面，要密切关注银行活动的截止日期和支付券的有效期，确保在规定时间内完成所有操作；另一方面，要时刻关注基金市场的动态变化，避免因市场波动导致的资金损失。整个流程下来，基本可以做到年化10%以上的收益率。

第二节　买股送礼：意外之喜

近年来，多家上市公司纷纷推出创新举措，以实物产品回馈广大股东的支持与厚爱。这一举措不仅增强了股东对公司的认同感和忠诚度，也进一步提升了公司品牌的市场影响力和产品知名度。

业内人士指出，上市公司向股东赠送产品的做法，不仅开创了股东回馈机制的新篇章，还为企业提供了宝贵的营销舞台。通过精心挑选的高品质产品，公司不仅直观地展示了产品的卓越性能和独特魅力，进一步增强了股东对公司的信心，还巧妙地借助股东的力量拓宽了产品的市场覆盖面，实现了品牌与市场的双赢。

以广誉远（600771）为例，该公司在2024年6月7日晚间宣布了一项回馈计划——向全体股东赠送药食同源类健康产品。此次活动覆盖了2024年6月21日（公司2023年年度股东大会股权登记日）后登记在册的股东，让广大股东在感受公司关怀的同时，也亲身体验公司健康产品的卓越品质。有的朋友会说，买上市公司的股票一手就要几千元，万一股票跌了，要亏几百元，礼品才值百十元，岂不是亏大了。

但实际上，通过巧妙运用融资融券策略，股民可以在保持股东身份的同时，有效降低持股成本，还可以获得上市公司赠送的礼品。

具体而言，投资者只需在普通账户中购入少量股票（如一手即100股），并将其中的大部分（如99股）转至融资融券账户卖出，即可保留少量股票（如1股）以持续享受股东回馈福利。这样一来，即使股市波动，股民也能以极小的代价享受公司赠送的实物礼品。而且我们可以一直留着这1股股票，每当上市公司送产品的时候，就去注册领取。

除了广誉远之外，还有多家上市公司都推出了类似的股东回馈活动。如安井食品向股东赠送"私享汇"会员资格及产品礼盒；洽洽食品赠送葵珍礼盒；贝因美、菲林格尔、长虹美菱、飞亚达、万达电影等公司也提供了赠送或优惠购买相关产品的福利。这些举措不仅增强了股东与公司的互动，也促进了公司产品的市场推广和销售。

那么我们如何提前知道这些送礼品的机会呢？我们可以找到沪深交易所或者巨潮资讯网的网站，从中可以轻松地了解各家公司的股东回馈活动详情及参与方式，这样一来，就能确保在第一时间把握住回馈机遇。以巨潮资讯网为例，我们可以搜索到的结果如下（见表7-1）。

表7-1　上市公司出台的赠送活动

代码	简称	公告标题	公告时间
605056	咸亨国际	咸亨国际：关于向全体股东赠送免费接待参观服务体验的公告	2024-06-18
600771	广誉远	广誉远中药股份有限公司关于向公司全体股东赠送公司产品并提供接待参观服务的公告	2024-06-08

续表

代码	简称	公告标题	公告时间
605300	佳禾食品	佳禾食品工业股份有限公司关于向公司全体股东赠送公司产品的公告	2024-05-18
300908	仲景食品	关于向全体股东赠送公司产品的公告	2024-04-19
605081	太和水	上海太和水科技发展股份有限公司关于向全体股东赠送公司产品的公告	2023-08-19
002878	元隆雅图	关于向公司股东免费赠送成都大运会蓉宝川剧变脸盲盒3D数字文创品的公告	2023-07-27
600880	博瑞传播	博瑞传播关于向公司股东免费赠送成都大运会蓉宝数字出版物的公告	2023-07-24

此外，对于感兴趣的礼品或活动详情不确定时，股民还可以直接致电上市公司进行咨询和确认。

第三节 潜伏"未上市"股：前瞻布局

在探讨潜伏"未上市"股的策略时，我们首先要明确一个概念：这里的"未上市"并非绝对意义上的未进入任何交易市场，而是指尚未在沪深京等主流证券交易所挂牌交易的股票。通过精准布局这些潜力股，并在其成功登陆更高层次市场（如A股主板市场）时择机退出，投资者可以捕捉到上市溢价带来的丰厚收益。

面对"未上市"股的投资机遇，许多散户可能会因信息不对称或门槛限制而望而却步。但实际上，通过参与新三板及老三板市场，散户同样有机会提前布局。新三板作为全国中小企业股份转让系统的核心，为中小企业提供了广阔的融资与股权交易平台，而老三板则承载着退市公司及两网公司（STAQ和NET两个法人股流通市场的遗留企业）股份转让的重任，两者均为散户投资者开辟了独特的投资路径。

新三板

全国中小企业股份转让系统，也就是我们俗称的"新三板"，是经国务院批准，依据证券法设立的继上交所、深交所之后第三家全国性证券交易场所，2013年1月16日正式揭牌运营。

新三板是中国多层次资本市场体系中的重要组成部分，旨在为中小企业提供融资和股权转让的平台。新三板市场根据企业的不同情况和标准，划分为创新层、基础层（原精选层已并入北交所），以满足不同发展阶段和融资需求的企业。实际上北交所就是从新三板衍生而来的，如果我们查看北交所和全国股转公司的官网，会发现两家单位的领导都是同一批人。

根据全国股转系统发布的《全国中小企业股份转让系统分层管理办法》等规定，创新层的挂牌条件主要包括盈利能力、成长性、市场认可度等方面。例如，要求公司最近两年的净利润均不少于1000万元，或者最近两年营业收入连续增长且年均复合增长率不低于30%等。创新层的交易方式相对灵活，包括集合竞价交易等多种方式。

基础层的挂牌条件相对较为宽松，主要关注企业的基本经营情况和信息披露的合规性。企业只需满足新三板的基本挂牌条件即可进入基础层进行股权融资和交易。基础层的交易方式相对单一，主要以协议转让为主。由于基础层企业数量众多且质量参差不齐，因此其流动性相对较差，投资者需要具备一定的风险承受能力和投资经验。

创新层和基础层交易权限的开通都需要满足一定资产和交易经验要求，具体标准可能因券商和市场的不同而有所差异。我们可以重点关注创新层的股票。

新三板满足一定条件的公司可以选择在沪深京上市，其中选择在北交所上市的比较多，之前也有不少投资者埋伏这样的股票。不过风险比较大，原因是北交所市场的流动性相对较弱，且上市公司质量参差不齐。有些新三板上市公司为了能顺利进北交所，可能会采取较为保守的发行定价策略，即在停牌前的股价基础上进行较大幅度的折让。这样的做法虽然有助于公司顺利上市，但对于提前埋伏的投资者而言，却可能意味着即使上市后股价大涨，由于潜伏的成本过高，其盈利空间也相对有限。

因此，对于寻求更高投资回报的投资者而言，更应关注那些有望在沪深交易所上市的新三板个股。沪深交易所作为中国资本市场的主流平台，其流动性更强、上市公司质量更高。自成立以来，新三板市场为众多创新型、创业型、成长型中小微企业提供了宝贵的股权融资和交易机会。这些企业中，不乏那些具有显著成长潜力和巨大投资价值的企业，它们往往不满足于在新三板市场交易的现状，而是将目光投向了更为广阔的沪深交易所上市舞台。对于投资者而言，通过深入研究和分析，发现并提前布局这些潜力企业，一旦这些企业成功上市，股价往往会有较大幅度的上涨，为投资者带来丰厚的回报。

因此，我们重点选择准备在沪深交易所上市的新三板个股。怎么查询这些信息呢？我们可以在新三板官网（https://www.neeq.com.cn/index.html）查找，具体路径为：首页—信息披露—挂牌公司公告，在搜索栏目中输入上交所或深交所，就可以查询到有哪些新三板股票谋求在沪深交易所上市，相应的上市进展情况都会披露（见图7-1）。此外，沪深交易所的官网也是获取此类信息的重要来源，投资者可定期关注相关板块的最新动态。

图7-1　股转公司发布的公司上市进展公告

不过潜伏新三板市场需要投资者具备长期持有的耐心和决心。同时，投资者还应密切关注市场动态和企业经营状况的变化，根据市场变化和企业实际情况动态调整投资组合以优化投资效果。

老三板

老三板，即原证券公司代办股份转让系统。自2001年7月成立以来，老三板便承载着为退市公司及两网公司寻找出路的使命，并于2012年年底成功并入全国股转系统，进一步拓宽了其融资与交易的功能，包括允许定向融资和申请再次上市。

老三板市场的存在，为退市公司及两网公司的股票提供了一个流转的平台，使得这些股票并未因退市而彻底消失，而是继续在市场中寻找其价值重估的机会。近年来，随着沪深交易所退市制度的不断完善，越来越多的公司面临退市风险，而老三板则成了这些公司股票退市后的主要归宿。

老三板的交易规则相对特殊，既体现了对投资者的保护，也反映了市场的独特性。具体交易规则如下：交易时间为每周一至周五（除法定节假日外）的上午9:30至11:30，下午13:00至15:00。但需要注意的是，不同净资产状况的公司交易次数有所不同。净资产为负的公司：每周交易三次，即每周一、三、五交易，其股票名称尾带"3"字。净资产为正的公司：每周交易五次，即每天交易，其股票名称尾带"5"字。不能按时披露年报的公司：每周只能在周五交易一次，其股票名称尾带"1"字。

老三板市场主要采用集合竞价方式进行交易，即在特定时间点揭示可能成交的价格，并在收盘时一次性撮合成交。在转让日的

10:30、11:30、14:00揭示一次可能的成交价格。14:00后每十分钟揭示一次可能的成交价格。最后十分钟即14:50后每分钟揭示一次可能的成交价格，直至15:00收盘时正式成交。老三板股票的交易单位通常为1手，即100股。买卖时需以100股的整数倍递增，不足100股应全部卖出。老三板股票的涨跌幅限制通常为前一交易日转让价格的5%。

开通老三板股票交易权限，一般需满足如下要求：（1）2年以上股票交易经验；（2）日均资产50万元以上。

潜伏老三板以待上市，需要耐心和长期持有的决心，投资者应关注企业的长期发展而非短期波动，充分了解公司的基本面、财务状况、行业前景以及潜在的恢复上市风险，避免因短期市场波动而盲目卖出。一旦潜伏成功，企业重新上市，股价往往会有较大幅度的上涨，为投资者带来丰厚的回报。近年来，成功从老三板重新登陆主板市场的股票案例有盈方微、汇绿生态等，潜伏的投资者都取得了不错的收益。

不过，投资者一定要防范风险，因为老三板公司恢复上市的难度较大，而且老三板市场容易暴涨暴跌，流动性不足，信息透明度较低。此外，老三板市场投资者结构相对单一，情绪较为敏感，特别容易追涨杀跌，加上市场炒作和信息不对称问题，进一步加剧了市场的波动性。因此，投资者在参与老三板市场交易时，应充分认识市场的特性和风险，理性对待股价的波动，避免盲目跟风和情绪化交易。

第四节　花样繁多的打新：捕捉"新股"红利

在国内，炒新历来是一种深入人心的传统，这一传统在A股市场尤为显著，其影响力甚至延伸至其他众多市场。无论是股票、可转债，还是茶叶、酒类、纪念币，甚至是某些热门基金，都可能成为被炒作的对象。这些新品上市之际，由于市场对它们未来的发展充满期待，加之流通盘相对较小，因此容易成为市场炒作的热点。而新品首日往往伴随着较高的涨幅，吸引大量投资者参与。过去，我对这种行为感到困惑不解，但自从学习了行为金融学之后，我恍然大悟。投资者对于新事物往往怀揣着好奇和期待，一旦这种心理形成共识，便容易驱使他们参与市场的炒作，这也正是"傻子的共识也是共识"的体现。

我们所熟知的打新，主要指A股打新。在很久以前，A股打新需要纯资金申购，后来改为市值申购，由此衍生出了不同的交易策略。关于A股打新，大家都已经非常熟悉了，因此无须过多介绍。这里针对其他投资产品，我具体讲几种常见的打新策略。

REITs 认购

REITs是个很特殊的产品，它的本意是房地产投资信托基金，实际上在国内论证了很多年，前几年房地产市场很热，大家都在炒房，这个产品就一直没有推出来，后来新冠疫情就来了，房地产投资信托基金也就搁置了。但是万万没想到，这一模式最终在基础设施建设领域找到了广阔的舞台。上交所对基础设施公募REITs的定义是：依法公开募集，以询价方式确定基金份额价格，将基金财产主要投资于基础设施资产支持证券，并在上海证券交易所上市交易的证券投资基金。基础设施公募REITs的主要特点如下：（1）80%以上的基金资产投资于基础设施资产支持证券，并持有其全部份额。（2）采用封闭式运作，不开放申购赎回。（3）高分红特点，90%的基金年度可分配利润用于分配。符合条件获准在上交所上市交易后，投资者可以在上交所各会员证券营业部按撮合成交价买卖基金份额。

近年来，基础设施REITs的发展势头迅猛。截至2024年8月末，我国公募REITs的上市数量已达到40只，累计发行规模高达1285.04亿元。7月6日，国家发展改革委发布了《关于全面推动基础设施领域不动产投资信托基金（REITs）项目常态化发行的通知》，这标志着我国基础设施REITs从试点阶段正式迈入常态化发行的新阶段。在短短三至四年的时间里，我国公募REITs市场实现了从无到有并迅速壮大的飞跃，为投资者带来了更多的投资机会。

回顾REITs的发展历程，2021年刚上市时曾掀起一拨炒作热潮。然而，随着经济环境的变化，部分REITs的底层资产出现问题，导致市场行情经历了一拨调整。尽管如此，那些质地优良的REITs在发行认购时，依然吸引了大量投资者的关注与追捧。

我们以2024年6月12日发行的华夏特变电工新能源REIT（508089）为例，其认购发行情况异常火爆。这一成功主要归功于其优质的底层资产、市场对新能源领域的广泛认可以及专业管理团队的丰富运营经验。该基金的底层资产是新疆哈密光伏项目，该项目不仅资产优质、经营稳定，而且完全符合国家政策导向，特别受投资者欢迎。

在网下询价阶段，508089受到了投资者的热烈追捧。据统计，参与网下发售有效报价的投资者数量达到61家，管理的配售对象数量为108个，有效认购数量总和高达42.7亿份，这一数字约是初始网下发售份额（0.63亿份）的67.8倍，创下了年内公募REITs项目网下询价倍数的新高。

而在公众发售阶段，508089的认购倍数更是创下了历史新高。根据公告，公众投资者有效认购基金份额数量为121.096亿份，这一数字约是公众发售初始基金份额数量（0.27亿份）的448.5倍，公众投资者有效认购申请的实际确认比例仅为0.223%。这一认购倍数远超以往所有的公募REITs项目。

我们普通投资者往往难以对REITs的底层资产做出准确判断，因此，难以判断新发行的REITs是否值得认购。不过，我们还是有几个小窍门的。

（1）观察发行时间区间。如果发行时间区间较长，这可能意味着基金管理人对基金的表现持保留态度。他们选择拉长发行时间，以期吸引更多"韭菜"入场，避免发行失败。相反，如果发行时间很短，仅有一两天，这通常表明基金管理人对底层资产充满信心，并预计会有大量投资者争相认购。

（2）查看网下认购倍数。网下认购的火爆程度往往与基金上市后的表现呈正相关。以前文提到的508089为例，该基金在上市首日即实现了22%的涨幅，这与其网下认购的火爆程度不无关系。因此，网下认购倍数可以作为一个重要的参考指标。一般来说，网下认购超过10倍的就可以重点关注；低于三倍的，如果没有太大把握，就谨慎参与。

北交所网下打新

大家注意看这个标题，讲的是网下打新，而非网上打新。网上打新，就是普通的资金申购，这没啥可说的，钱多的话直接去申购就可以了，市场卷的时候，钱少的投资者有可能申购不到。网下打新有一定的门槛，不过中签率秒杀网上现金打新。目前，股票、可转债、REITs的网下打新已对普通个人投资者关闭大门，仅剩下北交所的网下打新还为个人投资者保留了一丝机会，换句话说，个人投资者可以参与的网下打新只剩下北交所一棵独苗了，尽管要获得这个权限并不容易。

要获得北交所网下打新的资格，投资者需满足1000万元资产的要求。以往，这1000万元可以是现金或逆回购，但如今，仅限于股票资产。好在这1000万元资产只需在月底持有一天即可。然而，对于许多投资者而言，达到这一条件仍是一大挑战。有些投资者为了获得这一资格，不惜"搬砖"买入股票，但又担心股票大跌带来的风险。对此，有一个策略值得考虑：在买入1000万元门票资产的同时，融券做空该股票。这样，即使股票价格下跌，投资者也能通过融券收益来抵消部分损失，只需承担少量的利息费用。

申请网下打新资格，需要遵循一系列流程，虽然不算复杂，但确实颇为烦琐，需要投资者准备大量的相关资料。若投资者满足相应的资金门槛要求，可以向证券业协会申请注册为网下投资者。关于具体的申请流程，投资者可以咨询自己的客户经理，他们通常会提供详尽的指导。一旦账户中存有1000万元资金，客户经理的服务往往会更加周到和细致。

北交所的股票发行主要有两种定价模式：定价发行和询价发行。若采用定价发行，价格既然已确定，也就不需要网下询价，自然没有网下打新的机会。而询价发行则为网下打新提供了舞台。若投资者有幸获得这一资格，不妨积极参与。在询价过程中，投资者可以参考行业研究报告，结合个人的判断，选择一个合适的心理价位申购。这样，既能提高中签率，又能在一定程度上控制风险。

北交所网下询价过程中投资者需要注意合规性风险和市场风险。为了降低这些风险，投资者应加强市场研究、制定合理的投资策略、确保资金充足并密切关注市场变化情况，同时还需遵守相关法律法规和交易所自律规则，确保询价行为的合规。

纪念币认购

纪念币是国家为纪念重大历史事件、杰出人物等而发行的法定货币，分为普通纪念币和贵金属纪念币两种。它们具有特定主题、限量发行且易于保存和收藏的特点，因此备受投资者和收藏家的青睐。

对于普通民众而言，我们经常接触的是普通纪念币，尤其是每年发行的生肖纪念币，其受欢迎程度尤为突出。这类纪念币通常以面值发行，但在进入二级市场后，往往会出现溢价现象。因此，投资者可以选择以面值认购这类纪念币，并在二级市场溢价时卖出，从中赚取差价收益。更为稳妥的是，由于这类纪念币都具有面值，即使市场行情不佳，投资者也可以选择以面值将其回售给银行，从而确保不会亏损，这使得它们成为套利的理想选择。

纪念币的认购流程主要包括以下步骤：首先，投资者需要密切关注中国人民银行或中国金币总公司的官方公告，以获取纪念币的发行时间、主题、规格、发行量等关键信息。其次，投资者应在金币云商、各大银行等官方渠道注册账号，并完成实名认证，以确保能够顺利参与纪念币的认购。最后，投资者需要按照公告要求，在规定的时间内提交认购申请，并支付相应的保证金（如果适用）。对于采用抽签方式发行的纪念币，投资者需要等待中签结果的公布，并在规定时间内完成支付，否则将被视为放弃认购资格。

热门基金认购

A股市场素来有炒新的传统，对于那些明显涨幅过高、超出其内在价值的产品，我并不鼓励大家参与炒作，比如一些异常波动的可转债，一些大幅溢价的基金，风险极大，且没有一定的技术难以驾驭。然而，对于热门基金，如果我们预期它们在上市后会有良好的表现，那么我们完全可以以净值进行认购。这样我们的成本会很低，如果

第七章 小众套利策略：另辟蹊径的财富之路

上市后市场炒作情绪高涨，我们就可以赚取情绪收益；即使没有炒作，也无伤大雅，因为本身就是热门基金，作为资产配置也是不错的选择。

举两个实例，让大家近距离感受一下炒新的疯狂程度。2020年，蚂蚁金服启动了上市议程，计划在内地和香港两地上市，当时我还幸运地中签了不少新股。由于发行量过大，担心市场难以承接，在监管部门的批准下，五只创新未来基金（易方达、鹏华、中欧、汇添富、华夏）应运而生，它们主要是为参与蚂蚁集团的战略配售而量身定制的。每只基金计划募集规模为120亿元，合计最高限额达到600亿元，封闭期为18个月。这些基金于2020年9月25日开始发行，并在短时间内迅速售罄。蚂蚁集团作为当时备受瞩目的金融科技巨头，其上市预期引发了市场的广泛关注。蚂蚁金服是不是真科技股，我们不做评论，我们只关注市场预期，只要市场相信，那就没问题。在当时的市场，投资者对蚂蚁集团未来的增长潜力充满信心，因此对这五只创新未来基金也充满了期待。

正是在这种万众瞩目之下，2021年1月21日，这五只创新未来基金正式转入场内上市交易。自上市交易后的三个交易日内，这五只基金连续出现涨停。尽管这期间价格有所波动，这五只基金的价格还是出现了较高的溢价，其中，易方达创新未来基金的溢价率曾高达33.394%，其他四只基金的溢价率也超过了24%。投资者如果提前认购，就能取得不错的收益。

然而，这几只创新未来基金在上市初期因市场情绪高涨和场内交

低风险 套利实战

易份额稀缺而出现暴涨后，随后受蚂蚁集团上市暂缓、高溢价风险释放以及赎回压力等多重因素影响开始暴跌。因此，对于这类基金，我们可以选择站在旁观者的角度，不主动参与炒作。当然，如果有低价认购的机会，那倒是可以考虑买入一些。只要我们买得便宜，就不用过于担心风险问题。

另外一个案例是关于跨境ETF的，具体涉及两只沙特ETF——华泰柏瑞南方东英沙特阿拉伯ETF（520830）和南方基金南方东英沙特阿拉伯ETF（159329）。这两只基金作为境内首批可投资沙特阿拉伯市场的基金，于2024年7月16日分别在上海证券交易所和深圳证券交易所挂牌上市。

上市首日，两只沙特ETF便受到市场的热烈追捧，直接领涨股票型ETF，一度逼近涨停板。随后的几个交易日，这两只ETF继续受到市场的爆炒，换手率极高，一度飙升至700%，成交额也异常巨大。部分投资者充分利用了ETF的T+0交易机制，进行日内高频交易，更有甚者，单日买卖次数超过百余次。

这一暴涨现象的原因主要有两方面：一是市场热情高涨。沙特作为中东地区最大的经济体和全球最大的石油出口国，其市场的增长潜力自然吸引了众多投资者的关注。同时，沙特股市与全球其他主要资本市场的相关性较低，在当前全球多元化、分散化的资产配置格局中占据了重要位置。二是投机行为的驱动。部分投资者利用市场对新上市产品的炒作热情进行投机操作，通过高频交易等方式获取短期收益。这种行为无疑加剧了市场的波动性和风险性。

交易所随后对两只沙特ETF的异常交易行为进行了重点监控，并采取了严格的监管措施。在监管的介入下，炒作热情终于降温，价格也逐渐回到了合理区间。

这两类基金都具备一个共同的特点：它们的市场关注度极高，市场情绪打满了。同时，由于流通份额相对较小，无论是封闭式基金无法新增份额，还是外汇额度限制导致总规模难以大幅增加，都使得常规的套利方法难以施展，不过击鼓传花的游戏总有终结的一天。因此，投资者在参与交易时，应保持理性的判断，不宜盲目进场买入。相反，选择低风险的策略可能更为明智。

第五节　潜伏封闭式基金：挖掘价值洼地

本来打算把这一节内容放在第四章讲述，但是考虑到封闭式基金和LOF基金毕竟不属于同一类，另外，现阶段潜伏封闭式基金的策略已经不如往年那么有效了，因此在这里简单介绍一下。

封闭式基金是指在设立时基金份额总额和发行期就已确定，在发行完毕后的规定期限内，基金份额总额固定不变，基金份额可以在依法设立的证券交易所交易的证券投资基金。在基金存续期间内，投资者不能向发行机构赎回基金份额，只能在二级市场上卖出变现。

由于封闭式基金在封闭期内规模固定不变，基金经理可以更加专注于长期投资策略的实施，而不必担心资金赎回对投资组合的影响，这有助于基金的稳定获益和长期增长。一些基金公司在发行封闭式基金的时候，都是这么搞宣传的，但是理想很丰满，现实特骨感，实际上在市场整体下滑的背景下，封闭式基金同样难以避免下跌的命运，而且由于封闭期的存在，很多时候不太受投资者待见。

由于封闭式基金在封闭期内仅能在二级市场上交易，无法按照净值申购或赎回，所以封闭式基金常出现折价现象。潜伏封闭式基金的思路就是折价的时候买入，等临近开放期，折价缩减为0附近，赚取折价缩减带来的收益。

目前市面上存续的流动性较好的封闭式基金大概有四十多只，其中大部分是封闭股基，债基相对较少。不过这些封闭式股基的折价率并不高，绝对折价率一两个点左右，有些距离开放期较近的封闭股基，把绝对折价率水平折算成年化折价率后非常高，但是也没啥用，因为这些股基净值一天跌一两个点太正常，这点折价率提供的安全垫太薄，套利优势并不明显。

不过对于封闭债基来说，折价套利机会相对来说会更可靠些，因为封闭债基的净值相对稳定，出现亏损的概率比较低，作为套利标的性价比很高。

我们以南方金利定开债券A（160128）为例，该基金每三年开放一次申购和赎回，最近一次开放时间为2024年5月17日至2024年6月14日。在封闭期内，该基金常处于折价状态。假如我们年初买入该基金，并在进入开放期后赎回或者卖出，能取得多少收益呢？相较于净值涨幅，折价套利的优势到底大不大？

我们来详细计算一下。在2023年底，160128的基金净值为

1.021元，当天的场内成交均价为1.009元，折价1.19%，这个折价对债基来说，已经不小了。假如当天我们买入该债基并持有到开放期（5月17日），此时160128的场内价格在1.109元左右，与净值差不多，这个时候场内直接卖出或者赎回区别不大。我们单看这段时间，160128的基金净值涨幅为1.28%，并不算高，在所有债基中表现也一般，但是如果我们考虑到折价套利，最终收益率将会扩大到约3.38%，这个收益率折合成年化超过8%，在一般债基中算是比较优秀的了。

多年前，潜伏封闭式基金策略盛行，甚至由此衍生了很多子策略，潜伏定增基金就是其中之一。这些定增基金持仓锁定一年期的定增股票，自然也有了相应的封闭期。尽管定增基金的净值计算颇为复杂，但关键在于，随着解禁期临近，定增股票得以流通，而基金公司为了应对开放后的赎回压力，会提前大幅减仓，这时，若定增基金仍有较大折价，便是投资者入场的黄金时机——购入后静待开放期赎回，往往能稳获折价收益，基本不会有太大的风险。当年，我曾成功潜伏过财通、九泰等多家公司的定增基金，并获得了可观的收益。

然而，市场风云变幻，近年来基金市场趋于低迷，定增基金近乎销声匿迹，LOF与封闭式基金交易也大幅减少。理论上，市场低迷应带来更多折价机会，但现实却并非如此，实际情况是流动性严重缺乏，很多基金买一和卖一价差过大，基金净值虽然还在每天正常波动，但场内交易已经相当惨淡，这反映出投资者的谨慎与整个市场的沉寂。这个160128也是2024年我抓到的唯一一个潜伏封闭债基的机会。不过我相信未来随着市场回暖，此类套利机会将会再次出现。

第六节　要约收购：稳健投资机会

要约收购套利是低风险投资者非常喜欢的一个策略，其本质在于利用要约收购事件中的价格差异来获利。具体而言，要约收购是指收购人向目标公司的股东发出书面意见，表示愿意按照要约中规定的条件购买其所持的该公司股份。简言之，就是收购人按约定条件收购目标公司其他股东所持的该公司股份。而要约收购套利则是指投资者通过购买目标公司股票，并在要约收购期间以更高的要约价格出售给收购方，从而赚取利润的一种投资策略。

根据收购人的意愿，要约收购可以分为自愿要约和强制要约。自愿要约是收购人自主决定发起的，而强制要约则是根据法规规定，当收购人通过证券交易所的证券交易或协议方式收购一个上市公司的股份超过一定比例（通常为30%）时，必须向所有股东发出的全面要约或部分要约。

进一步地，按照收购股份的范围，要约收购又可以分为全面要约和部分要约。全面要约是指收购人向除自己以外的所有股东要约收购所有股份，但由于可能导致公司退市，实际操作中较为少见。部分要约则是指收购人向所有股东要约收购部分股份，且收购比例至少是总股本的5%及以上，这也是A股市场要约收购的主要形式。

要约收购套利的核心原理在于赚取正股股价和要约价格之间的差价。投资者可以在二级市场以低于要约价的价格买入股票，然后在要

第七章 小众套利策略：另辟蹊径的财富之路

约收购开启后以要约价出售给收购方，或者在二级市场价格高于要约价或自己的买入价格时提前抛售获利。以某公司大股东发起的要约收购为例，假设要约价格为11元/股，而当前二级市场价格为10元/股。投资者可以在二级市场买入该股票，并在要约开启后以11元/股的价格出售给收购方，从而获得1元/股的差价收益。但需要注意的是，由于可能存在超额预受的情况，投资者实际能够按要约价卖出的股票数量可能有限。

为了查找要约的具体信息，大家可以关注交易所的官方网站或者巨潮资讯网，并在这些平台上搜索"要约"这一关键词。另外，集思录网站上也有一个专门的板块，为大家介绍要约套利的机会。

然而，投资者也要注意要约收购并非全无风险。首先，股票不一定能全部按要约价卖出。在部分要约中，如果大家都参与要约，就会按照比例分配，投资者持有的股票可能无法全部按要约价卖出，未要约的股份只能在二级市场卖出，需要承担一定的风险。其次，要约收购存在取消的风险。一旦要约取消，对股价可能是毁灭性打击。比如，在2017年我曾重仓参与过英力特的要约收购，结果要约失败，损失惨重。因此，投资中防范道德风险也很重要。再比如，2024年8月23日，st新潮股东汇能海投发起要约收购，当时st新潮的股价只有1.84元，但是要约价格高达3.1元，溢价率高达68.5%，毫无疑问，要约信息公布后，st新潮连续无量涨停。但万万没想到的是，因汇能海投在收购过程中隐瞒一致行动人情况——经上交所监管问询及公司内部核查，发现汇能海投与北京盛邦、芯茂会世1号、梵海汇享等多

171

家股东存在构成一致行动人的情形,但未如实披露——触犯了《上市公司收购管理办法》的相关规定,最终迫使汇能海投决定终止要约收购。要约失败后,st新潮的股价又跌回了原点。

因此,投资者在参与要约套利前,要有一定的风险意识,要关注市场信息,辨别真伪;至少要仔细研究要约收购报告书,了解要约人、要约价格和数量等关键信息;关注要约收购的生效条件和进度,确保要约收购能够顺利进行;同时还要评估套利空间,考虑交易成本、要约价格与现价的差价等因素,评估套利空间是否足够吸引人。总之,投资者要充分了解要约收购的相关信息和风险后,再做出相应的投资决策。

第八章
我的投资心路历程：
　　从挫败到蜕变

第八章　我的投资心路历程：从挫败到蜕变

第一节　童年记忆：无忧的岁月

我出生于深受儒家文化影响的山东鲁西南地区，这里的人们以勤劳、善良和豪爽著称，我自然也不例外。我的童年是在溺爱与自由中度过的，父母鲜少管教我，这使得我格外调皮。也正是这样的环境塑造了我无畏的探索精神。我小时候对周围的一切都充满了好奇，无论是掰开小狗的嘴巴探究其是否咬人，还是活捉蜜蜂，用其尾部的刺扎自己来观察其反应，或是用螺丝刀拆解插座，手握黄铜丝检测电流，所有这一切，我都敢于大胆尝试。当然，我并不是鼓励儿童去做冒险之事，我也因当时的鲁莽而受到伤害。我想说的是，正是童年时代的无拘无束，让我在成年后，有勇气不局限于客观环境，大胆探索。

这不禁让我忆起苏轼与章惇的往事。年轻时，二人因缘际会，相识相知。某次闲暇之余，他们相约共赴山林，意在攀登游玩，领略自然之美。然而，在攀登途中，他们遭遇了一座险峻异常的山峰，两山之间，唯有一根独木桥相连，桥下则是万丈深渊，情形颇为危急。面对如此险境，苏轼显得尤为谨慎理智，他认为此等冒险实为不智之举，恐危及性命，故而拒绝过桥。反观章惇，其态度截然相反，非但无丝毫退缩之意，反而力邀苏轼同行，甚至在苏轼婉拒后，毅然独自过桥，并在对面峭壁之上题字留念，留下了一段佳话。

提及此事，是因我亦曾有过一段类似的经历。那年，我与表弟们一同攀登壶梯山，不料在山中迷失方向，饥肠辘辘之际，幸得一位慈祥的老奶奶相助。她不仅为我们拿来了美味的食物，还热情挽留我们共进晚餐。那山核桃的香脆、柿饼的甜美、花生的醇厚，至今回味无穷。老奶奶的善良与温暖，更如一股暖流，深深烙印在我的心中，成为我永恒的记忆。这些经历，让我更加珍视生命的可贵，也懂得了敬畏自然。

幼时叛逆，直至三年级时，因偷跑去游戏厅而夜不归宿，被我爸一巴掌打到沟里。此后，我便日日处于爸妈的严密监督之下，每天无所事事，只得转而投身书海。从那以后，我发现读书也蛮酷的，每张纸片的字都不肯放过，成绩也突飞猛进。我连续考了好多年的年级第一名，不过父母并不知情，直到隔了好多年，有一天亲戚告诉我爹妈，他们才知道原来我这么优秀。

童年的快乐如同夏日清晨的第一缕阳光，温暖而明媚。它穿透了岁月的长廊，照亮了我成长的每一步。那些无忧无虑甚至有些无法无天的日子，充满了纯真的欢笑和探索的惊喜，成为我一生中最宝贵的治愈伤痛之源。每当我遭遇困难时，都会想起那些日子，心中便涌起一股暖流，让我感受到生命的无限可能和希望。

第二节　人生逆旅：逆境中的成长

我曾以为人生能如游戏般一路开挂，然而事实并非如此。高中时期，我家遭遇了重大变故，父亲的生意一落千丈。那一刻，我深切体会到了金钱的重要性，这是我从未有过的体验。自童年以来，我一直过着无忧无虑、幸福感爆棚的生活，但这一切戛然而止，取而代之的是强烈的危机感。那时候，我最害怕的就是过年，因为每到这个时候，都会有大批债主上门讨债，家中的气氛因此变得异常紧张和压抑，我时常能看到父母紧锁的眉头和充满忧虑的眼神。

可我们不甘于此，总想着逆天改命。我认为读书是改变命运的唯一机会，高考是寒门跨越阶层的唯一途径。这条路并不容易走，但好在公平，很多人因此改变了人生。于是，我将所有的希望和梦想都寄托在了学习上，希望通过自己的努力能够改变家庭的命运。

我是在鲁西南的小县城读的高中，我们学校是市里最好的中学。我正式参加的是2004年的高考，但实际上在2003年我读高二的时候，已经和部分同学提前参加了高考。当时学校想检验尖子班的水平，选了一些学生提前参考。很不幸的是，那年高考数学和理综是最难的一年。我记得走出考场时，不少同学崩溃大哭。而我们这些高二的学生大部分都考了500多分，达到了一本线，总算没有辜负学校的培养。

等到2004年正式参加高考时，我反倒从容了许多。然而人生总有不平事，临考前我遭遇了一些不太幸运的事情，后来又雪上加霜，考场抽签时我抽到了一所偏远的初中。我所在的考场教学设施简陋，在考英语时播放设备出了问题，听力全是杂音，几乎无法考试。当时我一下子就慌了，但这件事在当年闭塞的小县城里并没有引起太大的关注。我也只能默默承受这份不公，心中充满了无奈和沮丧。

好在最后我顺利读了大学，并在2007年读大三的时候提前一年参加了研究生考试。那一年也是考研数学最难的一年，走出考场时我看到很多女生在默默哭泣。2008年正式考研时，我两次考试的数学都是满分，成绩400多分。这份成绩不仅是对我努力的肯定，更是对我逆境中坚持的回报。

我并不是特例，很多小镇做题家都有这种考试本领。但等我工作后我发现，小镇做题家的视野还是太窄了，格局不大。与江浙一带的学生相比，我们之间有巨大的鸿沟难以逾越。山东人性格豪爽、善良、真诚，这些都是优点，但也有些根深蒂固的缺点，那就是僵化、封闭。外面的世界太大了，根本不是我们小时候想象的那样。

走出鲁西南的小县城，步入大学的校门，我仿佛踏入了一个全新的世界。我深知只有不断学习和实践，才能更好地实现自我价值。在校园里，我学会了高效学习、应对压力和挑战，这些经验对我后来的工作和生活都产生了积极的影响。然而我也明白自己的短板和弱势非常明显，每向前走一步都万分艰难。人生如逆旅，不进则退。今后我还将遭遇更多的困难，但我庆幸有童年的经历作为支撑，无论遇到什么都能心中有光，保持坦然的心态去面对。那些童年的欢笑和探索的精神将永远伴随着我，成为我人生中最宝贵的财富。

第三节　初识投资：梦想扬帆起航

我的投资之旅始于学生时代的尾声，那时我对金融市场的了解仅限于课本上的理论知识和偶尔从新闻中捕捉到的股市波动信息。一次偶然的机会，我的导师向我推荐了一家小型私募公司进行实习，正是这次经历，点燃了我对投资的浓厚兴趣。我开始憧憬，有朝一日能凭借自己的智慧与努力，在市场中寻觅到属于自己的机遇，实现财务自由。

于是，我踏上了自学投资知识的征程，广泛阅读各类投资书籍，从基础的财务分析到复杂的投资策略，我都一一涉猎。随着学习的深入，我愈发意识到自己的无知与不足，但这并未削减我对投资的热情。

毕业后，我步入了职场。后来，在朋友的介绍下，我结识了雪球网这个平台，仿佛发现了新大陆一般，兴奋不已。闲暇之余，我常常沉浸其中，阅读上面的文章。雪球会聚了众多聪明的投资者，我虽不敢自诩聪明，但至少算得上是一个勤奋的学习者。当时，雪球涌现出了大批的大V，他们撰写的文章条理清晰、深入浅出，读起来让人如沐春风，我也从中汲取了不少投资智慧。

炒股的头两年，我的表现并不出色，当时的市场行情也相对平淡。我记得2014年4月的某一天，我参加了一家券商的策略分享会。在问答环节，有一个听众询问首席分析师是否认为牛市即将到来，结果引发了一阵哄笑。当时上证指数在2000多点徘徊已久，大家对未来的A股走势并没有太高的期待。

然而，令人意想不到的是，仅仅三个月之后，A股市场开启了一轮迅猛的上涨，从2000多点一路飙升至年底的3234点。我凭借自己持仓的银行股、证券股以及几只潜伏的重组概念股，赚到了人生的第一个100万。此时，我距离毕业踏入职场还不到三年时间，这让我更加坚信，投资之路虽然充满挑战，但只要不断学习、坚定信念，就有可能实现自己的梦想。

第四节　繁花已落：终究是空欢喜一场

时间转瞬迈入2015年，中国股市掀起了一场前所未有的大牛市狂潮。上证指数自年初的3268点启程，一路高歌猛进，至6月12日已攀升至5178点的巅峰，半年间涨了近2000点，涨幅接近60%，其猛烈程度令无数新老股民为之痴狂，市场沉浸在一片乐观与投机的狂热之中。此间，蓝筹股、成长股、题材股均展现出惊人的涨幅，投资者们如潮水般涌入股市，渴望抓住这千载难逢的财富机遇。

随着大盘的持续大涨，我自己的账面财富也在不断增加，对自己的投资水平更加自信，不过也嗅到了一丝风险，开始把资金从股市转出，投入了另一个更加疯狂的市场——邮币卡。

2015年，全国涉及邮币卡电子交易的电子盘平台累计达到了66家，全年成交金额高达1.4万亿元。其中，南京文交所和南方文交所等平台的成交金额和市值均位居前列。邮币卡电子盘以其门槛低、交易灵活、收藏与投资功能兼具等优势，成了许多激进投资者的新宠。

我最初只是在南京文交所等几个平台尝试打新，本可轻松获取无风险收益，然而贪婪之心人皆有之，当我发现这个市场更加狂热时，便开始将股市撤出的资金大量投入邮币卡市场。这个市场充满了草莽气息，野蛮生长，竞争异常激烈。我将所有资金集中于此，几经搏杀，资金规模不断膨胀，股市与邮币卡的净资产一举突破八位数大关，梦想似乎触手可及。

然而，5月28日那一天，一切美好瞬间化为泡影。当天早上开盘时，电子盘所有的票均以大涨开盘，但好景不长，几分钟后，风云变幻，卖盘汹涌而出，邮币卡电子盘市场突然遭遇重创。南京文交所等多个平台的邮币卡品种挂牌价大幅下挫，大量品种直奔跌停。市场的恐慌情绪迅速蔓延，投资者纷纷抛售手中的藏品，导致盘面走势一蹶不振，成交量和市值均大幅下跌。

"5·28"大跌事件是邮币卡电子盘市场的一次重要转折点，自此之后，邮币卡市场一蹶不振，股市则在半个月之后暴跌。

从6月12日至8月26日，短短两个多月的时间里，上证指数暴跌至2964点，跌幅接近50%。无数投资者在这场突如其来的风暴中损失惨重，市场的恐慌情绪达到了顶点。

面对股市的崩盘，政府迅速采取了包括降息降准、"国家队"救市等一系列措施来稳定市场。尽管这些措施在一定程度上缓解了市场的恐慌情绪，但股市的元气已伤，全年上证指数最终收盘于3539点，全年涨幅不到10%。

股市在经历了一段时间的反弹之后，我预计暴跌的疤痕效应短时间不会修复，于是果断地砍仓。虽然保住了一部分胜利果实，但与之前市场的高点相比，已是天壤之别。2015年，我经历了大起大落，如同坐了一趟过山车。那些曾经的繁华与喧嚣，如今看来，都不过是镜花水月，转瞬即逝。我终于对自己有了彻底而清醒的认识：自己终究是一个普通的投资者，所谓的辉煌不过是市场赐予的虚幻泡沫。

回想起那段动荡的日子，我不禁又想起了《繁花》中的一个经典桥段。剧中，宝总与爷叔在那风云变幻的商海中沉浮，他们经历了无数的起伏与波折，却始终坚守本心。记得有一幕，宝总站在高楼之巅，俯瞰着这座繁华而又复杂的都市，眼中闪烁着坚定与执着。他对爷叔说："在这座城市里，每个人都是一朵繁花，有的开得绚烂夺目，有的则默默无闻。但无论怎样的花，都有其独特的价值和意义。我们，就是要找到属于自己的那片土壤，坚守自己的本心，才能绽放出最耀眼的光芒。"

爷叔听后，深深地点了点头，眼中满是沧桑与智慧。他缓缓地说道："是啊，宝总，这世道变幻莫测，人心更是难测。但只要我们坚守着内心的那份纯真与执着，不被外界的喧嚣所迷惑，就一定能够找到属于自己的那片天空。"

这段对话，如同一股清泉，涌入了我那因市场波动而疲惫不堪的心灵。我开始反思：自己是否也在追求那虚幻的繁花，而忘记了本来的初心？

我意识到，投资并非一场赌博，而是一场需要智慧、耐心和自律的修行。在市场的狂热中，股民往往容易迷失自我，被贪婪和恐惧驱使，做出许多冲动的决策。这次经历让我深刻体会到了市场的无常和残酷。我明白了，无论市场如何波动，我都应该坚守自己的投资理念和原则，不被市场的情绪所左右。同时，我也意识到了风险管理的重要性。在投资过程中，我应该时刻关注市场的风险，合理控制仓位和杠杆，以避免因市场的剧烈波动而导致的重大损失。我需要学会在收益和风险之间找到平衡点，以实现长期的稳健回报。

这次经历虽然痛苦，但也让我收获了宝贵的教训和经验。我需要时刻保持谦逊和敬畏之心。投资是一场漫长的旅程，需要不断学习和成长。

第五节　重整旗鼓：进入低风险投资领域

经历了2015年那场惊心动魄的下跌，市场的每一个参与者都仿佛接受了一场洗礼。股价暴跌让无数投资者的财富瞬间蒸发，市场的元气大伤。然而，就在市场尚未完全恢复之际，2016年的到来却伴随着新的考验——熔断机制的实施。

记得在熔断机制实施的第一天，市场的气氛就异常紧张。投资者们都在密切关注沪深300指数的走势，生怕它触发那个令人畏惧的熔断点。然而，市场的走势却似乎并不受控制，开盘后不久，指数就一路下滑，直奔那个让人心惊胆战的5%的熔断点。

当熔断真的被触发时，市场的反应是如此剧烈，个股全面暂停交易，市场的流动性瞬间消失。15分钟的"冷静期"并没有让市场平静下来，反而让恐慌的情绪加速蔓延。当交易恢复后，指数继续下跌，很快就触发了全天的熔断机制。那一天，市场的交易时间仅仅只有短暂的15分钟，而那一天的记忆，却深深地刻在了每一个投资者的心中。

　　熔断当天，我将所有的股票仓位都调整到农业银行，虽然躲避了大跌，但回想起那段经历，我仍然感到心有余悸。我知道，只有不断地学习和积累，才能在这个充满挑战和机遇的市场中生存下去。炒股不是看你曾经赚了多少，而是看你能留下来多少。

　　熔断之后，我开始重新审视自己的投资之路。一方面，我调整了持仓风格，A股仓位只预留了一些防御性仓位；另一方面，我开始寻找新的投资路径。这时，互联网金融进入了我的视野，我开始研究P2P，并试着进入了一些银行系网贷平台。

　　然而，随着我对P2P领域的深入研究，我逐渐意识到这一模式存在根本性缺陷，完全不具备可持续性。基于这一判断，我开始着手收回所有在该领域的投入，并大胆预言，未来99%的网贷平台都将难以避免倒闭的命运。在这个时候，我开始写微信公众号，并将这一观点发布在上面。

　　那时，网贷行业正处于风头正盛的阶段，我的观点无疑遭遇了大量的抵触和质疑。尽管如此，我还是坚持自己的观点。值得欣慰的是，有些朋友听取了我的意见，及时从网贷市场中抽身，避免了潜在的损失。能够对朋友们有所帮助，我也感到十分欣慰，这也算是一件积德行善的事情吧。

　　也是在这期间，我有幸阅读了徐大为的《低风险投资之路》一书，同时接触到了集思录这个宝贵的资源，它们对我产生了深远的影响。我深感世界之大，投资道路之宽，为何非要拘泥于A股呢？于是，我开始深入探索低风险投资的广阔天地，每一个新的投资品种都仿佛为我打开了一扇通往全新世界的大门。我学习分级基金的策略，掌握可转债的投资逻辑，研究封闭式基金的折价与溢价规律，了解LOF基金的交易机制，探索ETF、国债的套利机会，尝试量化交易、多渠道打新，关注老三板、精选层及北交所的潜力。

在这个过程中，我逐渐意识到，低风险投资并不意味着缺乏挑战或机遇，低风险也可以带来高收益。我开始更加注重风险管理，学会在保护本金的前提下追求稳定的收益。

如今，我已经在低风险投资领域找到了属于自己的一片天地。虽然我也曾经历过挫折和失败，但正是这些经历让我更加坚定地走在低风险投资这条路上。我相信，只要我保持谦逊、勤奋和谨慎，就能够在这个充满机遇和挑战的市场中实现自己的投资目标。

第六节　风云突变：投资之路再起波澜

很快，我就从"股灾"的泥潭中挣脱出来，2017年取得了稳定的投资增长。即便是在2018年的熊市期间，我也并未受到太大的冲击。随后的2019—2020年，小牛市行情让我的资产大幅增长，再上一个新的台阶。然而，在临近2020年年末时，蚂蚁金服的暂停上市事件，让我心中涌起了一种不祥的预感。我深感新的变革正在悄然来临。

步入2021年，我愈发预感未来赚钱将会更加艰难。A股市场中的不合理现象越来越多，短期内看不到改进的空间。传统的套利机会也在逐渐减少，这让我倍感焦虑。当时，我有大量资金闲置，不知道该如何是好。经过再三思虑，我做出了一个在当时看似明智的决定——将从股市中赚取的大部分资金抽出，用来购买房产。

这个决定并非一时冲动，而是基于我对市场的一些深入分析和对未来生活的规划。当时，虽然股市波动不断，但整体趋势还算稳定。我想，总该将一些流动资金转化为固定资产，以应对未来的不确定性。于是，我毫不犹豫地将股市中的资金取出，并继续加杠杆，最终选择了购房。我希望通过这一举措，实现资产的保值增值，并为未来的生活奠定更加坚实的基础。

然而，半年之后，恒大暴雷，瞬间震撼了整个房地产市场。这股风潮迅速向其他房企蔓延，几乎无一幸免。我购买的房子也因此受到了影响，价值大跌，损失惨重，能否顺利收房都是未知数。

2022年12月的最后几天，我身心俱疲，各种不幸接踵而至，总之，怎一个惨字了得——收入大幅下滑，杠杆紧绷，现金流一时间陷入紧张。我有时候也很苦恼：为何不好的事情一个接一个发生？生命有光，可光在何处？这次经历让我深刻体会到了生活的无常和投资的艰难。

第七节　重新出发：蜕变与再起航

2023年之后，我开始逐步调整生活的节奏，因各种原因，投资活动几乎陷入了停滞。此时，我的持仓主要集中在银行股上。当年中央金融工作会议的召开，如同一记警钟，让我深刻意识到变革的浪潮即

第八章 我的投资心路历程：从挫败到蜕变

将席卷而来，所有的投资逻辑都将重构。于是，我决定将手头剩余不多的资金，全部投入到银行股之中，以应对即将到来的变革。

此后，我将所有的精力放在了对未来的思考上。面对未来的不确定，我不得不重新审视和规划自己的人生道路。在这段充满挑战的日子里，我的内心经历了无数次挣扎，深刻反思后，我开始质问自己：投资的初衷究竟是什么？是为了单纯地追求金钱的积累，还是为了实现更加深远、更有意义的人生目标？经过长时间的思考，我逐渐领悟到，投资的价值远远超越金钱本身。我所渴望的，并非无拘无束的"随心所欲"，而是拥有足够的底气和实力，去拒绝那些违背自己内心的事物。

同时，我也学会了以更加成熟和理智的心态去面对挫折与失败。我深刻地意识到，每一次的跌倒或挫败并不是投资的终结，更不是人生的低谷，相反，它们是我成长道路上不可或缺的宝贵财富，是促进我个人成长与蜕变的起点。在这些时刻，我选择了沉静与反思，而不是逃避或放弃。我看了好多书，每一本书都像是我的一位导师，引领我走向更深的思考与领悟。

一本书、一杯茶、一束温暖的阳光，我就这样沉浸在阅读的世界里，感受着书中的智慧与人生的哲理。魏晋风骨中的那份逍遥洒脱，是我所向往的境界，它代表着一种超然物外、随性而为的生活态度。我时常思考，如何才能在自己的投资生涯中，乃至整个人生旅程中，做到像魏晋名士那样，既有深厚的学识与才情，又能保持一颗逍遥洒脱的心？我知道，这需要时间的沉淀，需要经历的积累，更需要我不

187

懈的努力与追求。但我相信，只要我坚持下去，总有一天，我也能够拥有那份属于自己的魏晋风骨，逍遥洒脱地行走于世间。

在人生的长河中，我们时常会遇到一些转折点，它们或许微不足道，却能在不经意间改变我们的轨迹。转眼间，2024年的序幕悄然拉开，随着一些悬而未决的事情逐渐尘埃落定，加之亲友的鼓励与支持，我逐渐找回了昔日的自信与活力，投资活动也开始有条不紊地恢复。尽管在房地产投资领域，我尚未完全恢复元气，尽管各种波折尚未完结，资产已经清零甚至转负，但内心的焦虑与沮丧已慢慢消散。因为我深知，投资是一场考验耐心与毅力的漫长旅行，只有坚持到底，才能抵达梦想的彼岸。更重要的是，我已经找到了最适合自己的投资之道——那就是低风险投资之路。我坚信，只要我保持谦逊的心态，勤勉不懈，谨慎行事，不断学习与提升自己的投资技能，我一定能够在这条道路上走得更远、更稳健。

后　记

当这部书即将尘埃落定时，南京酷夏的余温已悄然消散，迎来了云淡风轻的深秋时节，落叶纷飞，一色澄明，带着一份从容与淡然。我的整个创作之旅，充满了曲折与挑战，每一个转折都铭记于心。

回溯至2024年5月，众多朋友在得知我的困境后，纷纷通过不同途径伸出援手。刘同学感慨道："这是我有限且平凡的人生经历中遇到过的最鲜活、最不屈的灵魂，曾有一瞬，我也怀疑自己是不是不配与这样有趣的人为伍，但大多数时候我很庆幸，庆幸有这样的人丰富了我平庸的人生。"先云则以温暖的话语安慰我，不忍见我沉沦，愿全力相助。亮仔，这位陪伴我走过二十余载风雨的老友，从青涩少年到如今的中年，我们共同见证了彼此的不易。小闫同学更是期待有一天，我能笑着对大家说，昔日风雨已成过往。面对朋友们的高度评价，我时常心怀愧疚，深知理想的友情应是相互成就。"你的人生是我的理想所在，若你倒下，我的理想亦随之消逝，因此，我衷心祝愿你的人生如彩虹般绚烂。"终有一刻，我会向所有关心我的亲友宣告，难关已破，轻舟已过万重山。

低风险 套利实战

至于这本书的诞生，实则是源于一次偶然，更是得益于这些亲朋好友的启发与鼓舞。在此之前，我从未想过自己会有勇气和能力去撰写一本书。我自知在语言文字方面并非天赋异禀，平日里运营微信公众号，即便是五百字的短文也会让我耗尽洪荒之力。

不过在历经重重磨砺之后，我开始反思，或许文字能成为我整理并分享投资心得的桥梁，记录下那些宝贵的经验与教训。这念头如同一粒种子，在心田悄然萌芽。一切苦难与磨砺、功成或名就，本身并不值得歌颂，唯有那背后不屈的灵魂，才是我们心之向往。

我开始回溯自己的投资之旅，那些曲折与成就、成功与失败，如同电影般在脑海中一幕幕回放。我意识到，这段经历不仅是我个人的宝贵财富，更可能为同样在投资路上探索的人们提供一丝光亮与指引。我渴望用最质朴的语言，传达最深沉的情感，为读者带来启示与帮助。投资之路漫长且不易，需要时间的沉淀、精力的投入与不懈的努力，但只要坚持，终将收获属于自己的辉煌。

低风险套利的天地广阔无垠，但受限于篇幅，本书无法详尽介绍所有策略，如跨地域跨市场套利、对冲、衍生品交易及量化策略等，其中也有很多适合低风险投资者的模式。而且还有很多策略，我也在同步学习之中，比如在2024年国庆期间，港股依然开市交易，10月2日，挂钩A股科创50指数、在香港上市的南方科创板50（03109），盘中突然大涨234%，相较于其真实净值，明显溢价，这个时候可以选择做空该ETF或者申购ETF进行套利。但并非所有的港股券商都支持做空该标的，而且港股的ETF申赎机制与A股差异明显。由此可

后 记

见,套利理论很简单,但真正落到实践中,还有很长的路要走,比如要和香港那边的券商、基金公司沟通,要阅读繁体字的基金合同,很多语言表述习惯和专有名词,两地都有很大差异,这些都需要努力学习。总之,套利领域是广阔的海洋,我也期待在书外与大家有更深入的交流。

最后,借此机会,我要向恩师李老师致以最深的感激,李老师不仅传授我知识,更教会我做人的道理,多年来无私的帮助让我铭记于心。感谢亮仔、刘同学、先云、小闫同学、小韦等挚友的信任与支持,唯有知我者方能信任我。同时,也感谢那些仅有几面之缘甚至未曾谋面的投资圈的朋友们,如Ehut、谢兄长、陈总、盛总、娟姑娘等,给予我的多方位帮助。感谢自媒体好友小卡叔、道哥、stan等在网络上为我仗义执言。感谢打新交朋友为我引荐专业的燕博士,助力本书出版。感谢孔兄、曹兄,在我遇到不懂的问题时,不吝赐教。我将此书献给所有深爱着我、我也同样深爱着的你们。你们在我的生命中留下了不可磨灭的痕迹,是我成长道路上不可或缺的见证者与支持者。你们的陪伴与鼓励,给予我无尽的温暖与力量,是我对未来满怀希望与信心的源泉。

愿此书能陪伴每一位读者在投资与生活的旅途中,不断前行,不断成长,最终实现自己的梦想!

2024年10月 于南京